STALIN

Colección
Grandes Biografías

© EDIMAT LIBROS, S.A.
C/ Primavera, 35 Pol. Ind. El Malvar
Arganda del Rey - 28500 (Madrid) España
www.edimat.es

Título: *Stalin*
Diseño de cubierta: *Juan Manuel Domínguez*

Dirección de la obra:
FRANCISCO LUIS CARDONA CASTRO
*Doctor en Historia por la Universidad de
Barcelona y Catedrático*

Coordinación de textos:
MANUEL GIMÉNEZ SAURINA
MANUEL MAS FRANCH
MIGUEL GIMÉNEZ SAURINA

ISBN: 84-8403-859-9
Depósito legal: M-29713-2003

Imprime: *Gráficas COFÁS, S. A.*

Reservados todos los derechos. El contenido de esta obra está protegido por la Ley, que establece penas de prisión y/o multas, además de las correspondientes indemnizaciones por daños y perjuicios, para quienes reprodujeren, plagiaren, distribuyeren o cumunicaren públicamente, en todo o en parte, una obra literaria, artística o científica, o su transformación, interpretación o ejecución artística fijada en cualquier tipo de soporte o comunicada a través de cualquier medio, sin la preceptiva autorización por escrito del propietario del copyright.

IMPRESO EN ESPAÑA - PRINTED IN SPAIN

INTRODUCCIÓN

A finales de septiembre de 1939, uno de los editores de la revista Life viajó hasta Coyoacán, en Ciudad de México, para encargarle a Trotsky que escribiera un artículo sobre el temperamento de Stalin y otro sobre la muerte de Lenin. Posteriormente, el editor regresó a México a recoger los artículos y, según se dice, le gustaron mucho. Por lo que parece, a Trotsky también le gustaban mucho los artículos, salvo por una cosa. Según palabras del editor, León Trotsky había omitido explicar que Stalin envenenó a Lenin.

Se le pidió a Trotsky, en consecuencia, un tercer artículo. Sin embargo, cuando éste llegó a la dirección de la revista en Nueva York, ésta lo rechazó. Finalmente, fue un periódico de la cadena Hearst, el Liberty, el que lo publicó el 10 de agosto de 1940, exactamente diez días antes del asesinato de Trotsky por orden de Stalin.

El artículo se tituló: «¿Envenenó Stalin a Lenin?» Lo cierto es que Trotsky no contestaba a esta cuestión, sino que la dejaba simplemente en el aire. Ni tan siquiera trataba de aportar ninguna prueba de que lo que planteaba pudiera ser cierto.

En el artículo, Trotsky se limitaba a decir que Lenin había pedido a Stalin que le procurara un veneno para que pudiera suicidarse si notaba la llegada de un ataque que le fuera a incapacitar totalmente. Y Stalin había comunicado tal demanda al Politburó en presencia de Trotsky, Zinoviev y Kamenev. Trotsky apuntaba en el artículo la posibilidad de que Lenin quisiera probar a Stalin con aquella petición: ¿hasta qué punto estaría Stalin ansioso de aprovechar aquella oportunidad?

Pero Trotsky no presenta, aparte de la noticia de que Stalin expusiera la demanda de Lenin al Politburó, ninguna prueba que testimonie que aquella entrevista entre Stalin y Lenin tuviera lugar. Precisamente, Lenin estaba ya en contra de Stalin cuando, según Trotsky, le pidió el veneno a Stalin, es decir, el 23 de febrero de 1923. Incluso había redactado ya el testamento político, donde pedía que se sustituyese a Stalin como secretario general del partido.

¿Podría ser que Stalin obligara a los médicos a envenenar a Lenin? ¿Obligó a la familia del propio Lenin a que le envenenara? Lo cierto es, como veremos más adelante, que Iósiv Stalin era capaz de cualquier cosa, aunque el detallado historial de la enfermedad que padecía Lenin antes de finales de febrero de 1923, durante el mes de marzo y hasta el día del fallecimiento, en enero de 1924, no ofrece ningún punto de apoyo a la hipótesis de que Stalin envenenara a Lenin.

Bibliografía

ALLINLEVA, S.: *Vint cartes a un amic*, Barcelona, 1967.
BENOIT, J.: *Stalin*, Dopesa, Barcelona, 1974.
BOFFA, G.: *Stalin*, Orbis, Barcelona, 1985.
CARR, E. H.: *La revolución rusa: De Lenin a Stalin*, Alianza, Madrid, 1983.
— *Historia de la Rusia soviética*, Alianza, Madrid, 1983, 4 vols.
D'ASTIER, E.: *Stalin, ese desconocido*, Aymá, Barcelona, 1964.
DEUTSCHER, I. I.: *Stalin, biografía política*, Era, México, 1966.
ELLENSTEIN, J.: *El fenómeno estaliniano*, Laia, Barcelona, 1977.
FRANK, P.: *El stalinismo*, Fontamara, Barcelona, 1978.

Grey, Ian: *Stalin*, Salvat, Barcelona, 1989, 2 vols.

Hilgar, G.: *Stalin*, Moretón, Bilbao 1968.

Ludwig, E.: *Adalides de Europa, Stalin*, Juventud, Barcelona, 1935.

Medvedier, Z. A.: *Que juzgue la historia*, Destino, Barcelona, 1977.

Paine, R.: *Stalin*, Plaza y Janés, Barcelona, 1968.

Reinan, H.: *El nacimiento del estalinismo*, Crítica, Barcelona, 1982.

Rodríguez Lázaro, J.: *Los últimos días de Stalin*, Petronio, Barcelona, 1976.

Stalin: *¿Anarquismo o socialismo?*, Siete y Media, Barcelona, 1978.

— *El marxismo y la cuestión nacional*, Fundamentos, Barcelona, 1976.

— *Fundamentos del leninismo*, Akal, Madrid, 1975.

— *Obra completa*, Vanguardia Obrera, Madrid, 1984, 10 vols.

— *Obras escogidas*, Emiliano Escolar, Madrid, 1977.

Trotski, L.: *Stalin*, Plaza y Janés, Barcelona, 1968.

Ul, A. B.: *Stalin*, Noguer, Barcelona, 1975, 2 vols.

VV.AA. *Stalin*, Círculo de Amigos de la Historia, Madrid, 1975.

VV.AA.: *Stalin*, Urbión, Madrid, 1984.

Werth, A.: *Rusia en la guerra (1940-1945)*, Barcelona, 1967, 2 vols.

CAPÍTULO I
NACE UN DICTADOR

En una humilde casa de una pequeña ciudad del Cáucaso llamada Gori, nació el 21 de diciembre de 1879, en el número 10 de la calle de la Catedral, Iósiv Vissariónovitch Dzhugachvili, más conocido como Stalin, el «hombre de acero».

¿Qué se puede decir de la ciudad de Gori? Es una pintoresca ciudad provinciana, situada en las orillas del río Kura, a unos setenta y cinco kilómetros de Tiflis. Es una de las ciudades más antiguas de Georgia, cuya tradición pretende que había sido fundada en el siglo XII por los armenios que escapaban del avance turco.

Las calles de la ciudad-pueblo aparecían muy dispersas, entre huertos, y más bien parecía una aldea que una ciudad. En una casa —casi choza—, hecha de adobe, con ángulos de ladrillo y tejado cubierto de barro, vivían los Dzhugachvili.

Fueron los padres de Stalin, Vissarion, al que apodaban Beso, y Ekaterina, más conocida por Keke. Eran ciudadanos humildes, hijos de siervos. Él era zapatero, aunque anteriormente había trabajado en las labores del campo, si bien finalmente se empleó en una fábrica de calzado. Keke se dedicaba a las faenas domésticas para terceras personas, con lo que contribuía a los cortos ingresos que precisaban para más mal que bien poner el puchero diario en la mesa, pues el padre, haciendo honor al proverbio ruso de «beber como un zapatero remendón», gastaba en vodka casi todo lo que ganaba.

Fueron años difíciles y duros para el pequeño Iósiv —al que llamaban Soso—, pues el padre, más ebrio que sobrio la mayor parte del poco tiempo que pasaba en la casa, azotaba cruelmente al pequeño por cualquier nimiedad.

Afortunadamente para él, su madre le protegía —Soso era ahora hijo único, habiendo perdido Keke tres hijos antes de aquél—, haciéndole ir aseado, lavado y lo mejor alimentado posible en su escasez.

Cuando el pequeño contaba cinco años, el padre marchó a la fábrica de zapatos Adelkhanov, radicada en Tiflis, lo que representó un gran alivio para madre e hijo.

Gracias a los buenos cuidados de Keke para con su hijo, al que deseaba ver fuerte, éste pudo sobrevivir a una terrible epidemia de viruela que se abatió sobre Georgia cuando el niño contaba siete años. Sin embargo, no se libró del todo pues en su cara quedaron las huellas de la enfermedad.

Su madre, en el transcurso de la epidemia, prometió a Dios que si salvaba a su hijo, le haría entrar a formar parte del clero, lo que, por otra parte, para los pobres campesinos, llegar a ser pope era un buen medio de asegurar el porvenir.

Los estudios de Soso

Felizmente curado, la madre de Iósiv llevó a éste al cura párroco de la localidad para solicitarle consejo. El cura le indicó a Keke una modesta institución religiosa de Gori, donde se impartían las enseñanzas a los futuros seminaristas.

Pero había un inconveniente. Soso no conocía el ruso —hablaba sólo el georgiano— y era necesario conocerlo para lograr el ingreso.

La madre, no obstante, no se arredró y tras unas cuantas visitas a sus vecinos más inmediatos, consiguió que uno de éstos, apellidado Charkviani, se ofreciese para enseñar a Soso el alfabeto cirílico.

José Vissarionovitch, llamado Stalin, el «hombre de acero».

Para Iósiv, provisto de una memoria extraordinaria, no representó ningún esfuerzo asimilarlo prontamente y en septiembre de 1888, aún no cumplidos los nueve años, ingresó en la institución religiosa de Gori.

Su madre, siempre desviviéndose por su hijo, consiguió una beca de tres rublos mensuales y con lo que ella misma ingresaba por sus trabajos de limpieza le permitieron ir viviendo con cierta decencia, ya que su marido, Vissarion, una vez fuera de casa, se había desentendido casi del todo de sus deberes para con su familia.

No obstante, cuando tuvo noticia, seis años después, de que Soso había conseguido una beca de estudios para el seminario teológico de Tiflis, se mostró contrario a la decisión adoptada por Keke y se llevó a Soso a la fábrica de zapatos, pues quería que Iósiv trabajase a su lado y fuese zapatero como él.

Keke, indignada con su marido, le arrebató de nuevo el hijo para que reingresase en la escuela de Gori.

De nuevo en la escuela, Iósiv comprobó que los profesores georgianos habían sido reemplazados por rusos, lo que creaba tensiones entre éstos y los alumnos, siendo el joven Dzhugachvili el que a menudo incitaba a sus condiscípulos en contra de aquéllos.

Finalmente, y tras varios incidentes pasados por alto por los profesores, admirados por la inteligencia de Iósiv, a los catorce años Soso realizó el examen final.

En ese intervalo, murió Vissarion Ivanovitch, habiendo llevado últimamente una vida de vagabundo, como le notificó la policía a la viuda, respecto del zapatero.

Ian Grey, en una magnífica biografía sobre el dictador escribe que los datos sobre el padre de Stalin son escasos. En 1885 marchó a Tiflis, donde consiguió un trabajo en una fábrica de calzado, cuyo dueño era un tal Adelkanov, armenio, que le había ya dado trabajo de soltero. Al parecer, tan sólo una vez Stalin se refirió en público a su progenitor y lógicamente y por muchos motivos, no muy cariñosamente, pues explicó que «no era un verdadero proletario, ya que tenía mentalidad de pequeño burgués». Fue en otro momento cuando mencionó su niñez y a sus padres. Ocurrió en diciembre de 1931, cuando concedió una entrevista a Emil Ludwig, que por aquel entonces gozaba de gran popularidad por sus biografías. Ludwig le preguntó: «¿Qué le impulsó a rebelarse? ¿Fue quizá el trato que le dieron sus padres?» Stalin respondió: «No, mis padres carecían de educación pero no me trataron mal en absoluto.»

¿Por qué esta última afirmación tan diferente de la que ofrecen otras versiones sobre su infancia? ¿Quería salvar así a los ojos de extraños la memoria de su madre que quizá fuera una de las pocas personas a las que realmente quiso? Desmesurado cariño por la madre. Otro «complejo de Edipo», diría Freud, como Hitler, como Napoleón, como Franco y tantos otros dictadores. ¿Y la aversión por el padre...?

Iósiv Iremachvili, uno de los amigos de Stalin, escribió que el padre del dirigente «era de constitución fuerte, con cejas negras y bigote (rasgos que también llevará su hijo), de carácter austero e irascible, agravado por el alcohol». La fama de los georgianos como bebedores es extraordinaria y tanto en Georgia como en toda Rusia era muy corriente la expresión «beber como un zapatero» que era algo así como «beber como un cosaco».

Iremachvili continuaba: «Palizas terribles e inmerecidas hicieron al niño tan tosco, huraño y despiadado como su padre, destilando animadversión contra todos los que podían ejercer la autoridad sobre él.» La hija de Stalin, Svetlana, que con la desestalinización se pasaría a Occidente y escribió una jugosa biografía, relata que su padre le contó cómo, en defensa de su madre, «un día lanzó un cuchillo al viejo Vissarion. El padre corrió tras el pequeño chillando desaforadamente y los vecinos escondieron al muchacho».

Y la gota que colmó el vaso sería la «especie de secuestro», diría nuestra justicia actual, cuando contra la voluntad de su mujer que ya había conseguido una ayuda para Iósiv con el fin de seguir los estudios de pope, se llevó por la fuerza a su hijo a la fábrica de zapatos de Tiflis para que entrara como aprendiz. Se desconocen los detalles de esta lucha encarnizada por la tutela del niño, pero tal como ya hemos expuesto, lo cierto es que al final la triunfadora fue la abnegada Ekaterina.

CAPÍTULO II
EN EL SEMINARIO DE TIFLIS

En agosto, Keke llevó a Iósiv a Tiflis para ingresarlo en el seminario.

A los ojos de Soso, Tiflis era una gran ciudad, con mucha animación en sus calles, lo que admiró al muchacho, que hasta entonces sólo había permanecido en su aldea natal.

El 1 de septiembre, Iósiv entró como interno en el seminario, donde permanecería casi seis años, ignorando entonces que aquel establecimiento religioso, como muchos otros esparcidos por toda Rusia, era un centro de agitación nacionalista.

En aquella época, hartos los obreros del poder absolutista de Nicolás II, de débil carácter, juguete en manos de su esposa, la zarina Alejandra Feodorovna, quien a su vez era un peón en manos del más influyente personaje de la corte, el *staretz* Rasputin, se agitaban en reuniones secretas, alentadas casi siempre por dos hombres, Plejánov y Axelrod, que fueron los pioneros de la secta secreta «Tierra y Libertad». Aunque dichos hombres eran contrarios a la violencia y a las prácticas terroristas, pensaban que el marxismo, que ellos preconizaban, era cosa de los obreros y no del campesinado ruso.

Estas reuniones y el malestar que imperaba entre la clase obrera impulsó al zar a extremar las medidas de represión, que fueron llevadas a la práctica por la Okhrana —policía secreta rusa— invirtiendo fuertes sumas en mantener espías en todos los ambientes frecuentados por los obreros, con lo que un gran número de éstos se vio obligado, so pena de ser confinados de por vida en las mazmorras imperiales, a exiliarse, bien a Alemania, a Suiza o a Francia.

Y fue precisamente en París, en 1889, donde Plejánov entró en contacto con la Segunda Internacional.

En 1898 se reunieron en Minsk los dirigentes socialistas en un intento de unificar a todos los grupos marxistas, llegándose finalmente al acuerdo de formar un partido único al que se le dio el nombre de «Social-demócrata Ruso». Esta sociedad clandestina llegó a tomar un gran incremento.

Despacio, pero con constancia, fueron captándose todos los grupos revolucionarios, excepto el Partido Narodnik, que defendía la tesis de que debía ser el campesinado ruso quien permitiera el cambio del feudalismo imperante al socialismo ansiado.

No obstante, el partido con mejor organización era el de Plejánov, disponiendo de importantes redes clandestinas en toda Rusia e incluso en la Europa occidental. Editaban el periódico *Iskra* y en las numerosas imprentas clandestinas existentes en el país se imprimían folletos e incluso libros que debían circular en la clandestinidad.

Esta organización, siempre, no obstante, acosada por la policía estatal, fue interviniendo en las universidades, en las fábricas, llegando finalmente al seminario de Tiflis.

El conflictivo seminario

Para el tiempo en que ingresó en el seminario el joven Stalin, éste era ya un centro de agitación, habiéndose producido ya con anterioridad la expulsión de muchos estudiantes por sus ideas revolucionarias.

Muchas fueron las revueltas que tuvieron por escenario las aulas del seminario, llegándose incluso al extremo de producirse, en 1886, el asesinato del arcipreste Tchudnietski por un joven estudiante.

Un año antes del ingreso de Iósiv, el seminario había sido clausurado por unos meses como consecuencia de una huelga estudiantil, llevada a cabo en protesta de que todos los monjes profesores fueran rusos.

A la llegada de Soso al establecimiento imperaba en éste una disiplina férrea y muy rígida, casi militar.

La hora de levantarse era las siete de la mañana, dedicándose seguidamente todo el día, excepto dos horas después de la comida principal, a oraciones, clases y más oraciones hasta la hora de acostarse, todo ello salpicado con registros de armarios y maletas, en busca de elementos subversivos.

De aquella época Stalin recordó más adelante:

> *Me hice socialista entonces porque no podía soportar la disciplina tan rígida que allí imperaba. Aquel seminario era un nido de espías. A las nueve de la noche tomábamos el té antes de ir a acostarnos y cuando lo hacíamos nos encontrábamos con que todos los armarios y nuestros objetos en los dormitorios habían sido registrados. Y del mismo modo que diariamente escrutaban nuestros efectos personales, así también escrutaban nuestros espíritus, lo que resultaba insoportable.*

Los primeros meses en el seminario transcurrieron para Stalin sin demasiados sobresaltos. Era considerado por los profesores un buen alumno, estudioso y disciplinado, lo que contrastaba con su carácter en realidad introvertido.

Pronto resaltó entre sus condiscípulos su fuerza, queriendo, como había ocurrido en Gori, ser siempre el jefe, el primero en todo, especialmente en los juegos. Impuso a sus compañeros que se le llamase por el sobrenombre de «Koba».

Pronto se vio inmerso en conspiraciones, al tratar con estudiantes mayores que él. Fue entonces cuando por primera vez oyó hablar de Marx, de Engels y del socialismo.

Deseando saber más sobre aquellos temas, en las horas en que les era permitido salir del seminario, se dirigía a la biblioteca de la ciudad, y a pesar de las prohibiciones de los monjes, devoraba todo aquello que podía procurarse, desde la *Comedia humana* de Balzac al *Capital* de Marx, que circulaba de mano en mano secretamente.

No obstante, no fue hasta el tercer año de su estancia en Tiflis, que Koba se adhirió al círculo socialista clandestino del seminario, siempre, sin embargo, queriendo ser el jefe. Por aquel tiempo había adoptado las ideas darwinistas, habiendo prácticamente abandonado la fe religiosa.

Fue entonces cuando los monjes empezaron a comprender el verdadero carácter de aquel hasta entonces tenido por uno de los mejores alumnos, y a partir de aquel momento su nombre apareció con cierta frecuencia en las listas de castigos.

> *Dzhugachvili posee una tarjeta de abono a la biblioteca de la ciudad de la que extrae libros* —se escribe en una nota—. *Hoy se le ha encontrado* Los trabajadores del mar *de Víctor Hugo.*

Los castigos fueron cada vez más severos.

> *Que se le encierre en la celda de castigo por un período largo. Le he advertido sobre un libro prohibido,* El noventa y tres *de Víctor Hugo.*

Esta conducta no influyó, sin embargo, en el joven seminarista.

Mientras tanto, se declaró en Tiflis la primera huelga ferroviaria y a partir de aquella fecha la lucha de clases, alentada por Marx, prevaleció sobre el nacionalismo.

Fue entonces cuando entraron en acción los revolucionarios del seminario. Stalin, a los diecisiete años, fue nombrado director político de un grupo de ferroviarios. Para llevar a cabo su cometido se escapaba después del toque de queda, reuniéndose en un caserón del barrio con obreros a los que instruía en los principios del socialismo.

En el mes de agosto siguiente, se afilió al Tercer Grupo, un movimiento de revolucionarios intelectuales fundado en 1893 por el escritor Ninochvili, que editaba el periódico con más influencia en Georgia, el *Kvali*.

CAPÍTULO III
ABANDONO DEL SEMINARIO

En el curso escolar 1898-99, Iósiv, desinteresado del todo de los estudios, perdida definitivamente su religiosidad, haciendo clara burla de los monjes y de la oración, decidió abandonar el seminario.

Al salir, Stalin se había convertido en un verdadero socialista.

Tiflis había fortalecido su voluntad, habiendo aumentado su animadversión contra el poder establecido, haciendo de él un verdadero revolucionario.

En el otoño de 1899 se encontraba de nuevo en Gori. Allí se hizo preceptor de un armenio, Simón Ter Petrosian, un joven expulsado de la escuela por ofensa grave a la religión.

Pero pronto, no pudiendo soportar por mucho tiempo aquella plácida ocupación, regresó de repente a Tiflis donde volvió a frecuentar los lugares clandestinos donde se reunían los obreros socialistas.

Sin ocupación estable, fueron sus amigos quienes hicieron colectas para subvenir a sus necesidades, pues Keke, a pesar de todos sus esfuerzos, apenas si podía ayudarle.

Finalmente, a finales de 1899 encontró un empleo como ayudante en el Observatorio de Tiflis. El salario no era mucho, pero las ventajas para Stalin fueron evidentes. En primer lugar, disponía de una habitación para su uso exclusivo, y el trabajo no era agobiante, con lo que podía reunir a muchos de sus camaradas de partido en su habitación, lo cual le salvaba en cierto modo de las pesquisas policiales.

De hecho, en los últimos meses, numerosos afiliados al partido habían sido arrestados por la Okhrana*. A partir de aquel momento, Stalin vivía ya como un militante clandestino, ejerciendo sus cualidades bien demostradas de disimulo, de prudencia y de presencia de ánimo.

En aquellas reuniones clandestinas en la habitación del Observatorio, se preparó, bajo el impulso de Iósiv Dzhugachvili, el primer manifiesto de 1.º de mayo en el Cáucaso.

Y en la fecha indicada, varios cientos de obreros de la ciudad se reunieron a orillas del lago Salado, desfilando posteriormente, enarbolando banderas rojas, retratos de Marx y Engels y cantando la *Marsellesa*. Stalin, pronunció allí el primer discurso político público de su vida.

Al año siguiente, decidió repetir la manifestación, pero esta vez se llevó a cabo en el mismo centro de Tiflis. Poco antes, un amigo de Lenin, Victor Kurnatovsky, había llegado a Tiflis, el cual produjo gran impresión en Stalin y sus camaradas, a quienes expuso las ideas de Lenin. Por su parte, a Kurnatovsky le causó muy buena impresión el joven empleado del Observatorio, a quien consideró como a uno de los jefes revolucionarios de Georgia.

Para la manifestación prevista se repartieron octavillas en las que se afirmaba que «los látigos y los sables de la policía no les infundían ningún temor». Mas, para contrariar esta osada manifestación, la Okhrana dio una amplia batida poco antes del día señalado para la manifestación —1.º de mayo—, arrestando y encarcelando a Kurnatovsky y a la mayor parte de los jefes locales. Pero cuando la policía irrumpió en el cuarto de Iósiv en el Observatorio, el futuro Stalin había desaparecido...

---

* Policía secreta zarista; sería la KGB del Antiguo Régimen.

La madre de Stalin se desvivió por la educación de su hijo.

Como es lógico, Iósiv no pudo ya regresar a su ocupación, debiendo vivir en adelante en la clandestinidad, adoptando infinidad de nombres para eludir la persecución policíaca.

A pesar de esta contrariedad, no abandonó su idea de organizar la manifestación ya proyectada. Sin mucha ayuda, ciertamente, continuó con su empeño, reuniéndose con los grupos, cambiando de refugio de día en día y redactando octavillas firmadas con nombres distintos.

El resultado de todo ello fue que en la fecha prevista, casi tres mil obreros se reunieron en Soldatsky Bazar, cerca del jardín de Alejandro, en pleno centro de Tiflis.

Los obreros eran esperados por la policía y los cosacos. El choque fue sangriento, produciéndose una buena cantidad de heridos y siendo muchos los manifestantes arrestados, aunque entre los mismos no se encontraba Stalin, que pudo escapar de milagro.

Más adelante se le vio durante un tiempo en Gori, decidiendo regresar, una vez calmados los ánimos, a Tiflis. Aquí se reorganizó el comité socialista del que pasó a formar parte, teniéndosele en adelante por un verdadero jefe, máxime cuando, desde Leipzig, el periódico *Iskra* («La Chispa»), del que era director el propio Lenin, había publicado, refiriéndose a los acontecimientos del 1° de mayo:

> *Lo ocurrido en Tiflis, tiene una importancia histórica para todo el Cáucaso. ¡El movimiento revolucionario abierto se ha instaurado en el Cáucaso!*

A pesar de todo, en el comité se impuso en primer lugar la fuerte personalidad de Djibladze, miembro del ala más moderada, contrario a las manifestaciones hostiles y agitadoras, de las que Stalin, en contraposición, era ferviente partidario.

En poco tiempo, Iósiv Dzhugachvili intentó desacreditar de tal modo a Djibladze por medio de tortuosas maniobras, que finalmente hicieron comparecer a aquél ante una comisión que decidió excluirle del comité e incluso le ordenó abandonar la ciudad.

A finales de noviembre marchó Stalin para Batum, tomando allí contacto con los socialistas, a los que expuso su versión particular de su salida de Tiflis.

En los primeros días de febrero de 1902 se declaró una huelga en la fábrica Mantachev, consiguiendo algunas reivindicaciones. Pero otra huelga posterior, esta vez en la fábrica Rotchschild, fue reprimida violentamente por la policía a instancias de la dirección de la fábrica, y cuatrocientos obreros fueron detenidos y encarcelados.

Como represalia, el 9 de marzo, seis mil obreros y obreras, sin armas, marcharon hacia el cuartel donde estaban encerrados sus compañeros, para pedir su libertad. El saldo fue sangriento: catorce muertos y más de cuarenta heridos, así como quinientos detenidos más.

Stalin se hizo eco de aquella manifestación, aduciendo ser su organizador. Por el contrario, algunos de los miembros del comité de Batum le acusaron de haber jugado con dos barajas: por una parte, alentando la «marcha», sabiendo, por otro lado, que la policía iba a mostrarse implacable.

La situación de Stalin era delicada cuando, de pronto, fue detenido por la Okhrana. El rumor más difundido fue que la policía había obrado así más bien para protegerle.

La situación de país era alarmante. Aparentemente el imperio ruso era grande y poderoso. Se extendía sobre un territorio inmenso de casi 22 millones de kilómetros cuadrados (prácticamente lo que después sería la URSS) y tenía una población aproximada de 170 millones de habitantes. Pero esta fuerza no era real porque la estructura económica y social reflejaba un desequilibrio muy grande entre una Rusia arcaica y rural que era numéricamente muy importante, y una parte del imperio muy localizada y minoritaria que se industrializaba muy rápidamente con toda la problemática de un obrerismo cada vez más activo, abierto a todas las doctrinas de redención fraguadas hasta entonces: socialismo utópico, anarquismo, marxismo.

¿Con qué contaba el zarismo para la defensa de su *status* ante la marea revolucionaria cuyas oleadas habían herido ya mortalmente a algunos representantes: Alejandro II, Alejandro III...? Con una burocracia numerosa para poder atender a un imperio tan extenso, y corrupta en la que los funcionarios se habían convertido en una verdadera nobleza administrativa. Con un ejército cuyos puestos de mando se reservaban exclusivamente para la nobleza. Con la Iglesia ortodoxa (cristianismo de origen griego-bizantino en lugar de romano, separada de Constantinopla por Pedro I el Grande a fines del siglo XVII y comienzos del XVIII) que tenía una gran influencia sobre las masas analfabetas (un 80 % de la población) y que ejercía un papel de guardián del orden y de las tradicionales, y su cabeza era el mismo zar. Y por último, con la Okhrana protagonista de un sistema represivo muy fuerte para poder mantener el orden.

Las manifestaciones y los enfrentamientos menudeaban, pero aunque ya se habían cobrado muchas víctimas, todavía eran algaradas callejeras, complots aislados contra la realeza o la nobleza. La auténtica revolución todavía no había alcanzado su madurez.

CAPÍTULO IV
PRIMERAS REVUELTAS

Stalin pasó dieciocho meses en la cárcel, en Batum primero, para pasar a Kutans y regresar finalmente a la prisión de Batum.

Durante estos dieciocho meses el movimiento obrero ruso se iba organizando.

Los socialistas revolucionarios, que habían sucedido al movimiento popular, crearon el Partido Socialista-Revolucionario. Por su parte, los liberales formaron «La Emancipación». Se fusionaron también los comités social-demócratas y los comités socialistas-revolucionarios.

En 1902, concretamente en el mes de marzo, se publicó el libro de Lenin *¿Qué hay que hacer?*, en el que, desde su exilio en Europa, se planteaba la cuestión de si era conveniente crear un partido restringido de revolucionarios o, en cambio, un partido amplio y abierto a todos. Lenin abogaba por la primera alternativa.

A principios de 1903 el diario *Iskra*, que era introducido clandestinamente en Rusia desde el extranjero, convocó el II Congreso del POSDR —Partido Obrero Socialdemócrata Ruso—, que debía celebrarse desde el 17 de julio al 10 de agosto de aquel mismo año en Bruselas.

La puesta en marcha del congreso provocó enfrentamientos entre Lenin y Plejánov. Trotsky y Martov apoyaban a Lenin y éste, influido por las ideas de sus colaboradores, calificaba la postura de Plejánov válida únicamente para un manual de política.

No obstante, fue la postura de Plejánov la que prevaleció como fuente de discusión en el congreso, celebrado en un principio en Bruselas y después, a causa de contratiempos surgidos con la policía belga, en una iglesia de Londres —ciudad en la que residía Lenin—, y en cuyo transcurso éste tuvo que enfrentarse a una escisión dentro de su propio grupo: por una parte, se formó una facción, dirigida por Plejánov y Lenin, que obtuvo *bolche* —más votos— y otra encabezada por Martov, que obtuvo *menche* —menos votos—.

Lenin no pudo evitar la ruptura bolchevique-menchevique.

Trotsky, por su parte, se puso a favor de Martov, pues veía en Lenin a un déspota y un terrorista.

A raíz del congreso, Lenin pasó por una etapa depresiva, aunque bien pronto recobró sus energías para defender su postura de la unión del campesinado en oposición a la «menchevique», que apoyaba la unión con la burguesía liberal.

Stalin, por su parte, apoyaba en aquella época las tesis mencheviques, así al menos figura en un informe posterior de la policía rusa, en el que se describe a Iósiv Dzhugachvili como el personaje siniestro «de rostro picado», secuela de la viruela padecida en Gori en su infancia.

En noviembre de 1903, Stalin fue deportado a Novaia Uda, una aldea de la Siberia meridional cercana a su capital, Irkutsk.

No se conoce a ciencia cierta cuándo se fugó Stalin, si durante el traslado a Novaia Uda o a las pocas semanas de su exilio forzoso en dicha localidad, pero lo cierto es que en enero de 1904 estaba de regreso en Batum.

De esta ciudad, se dirigió a Tiflis, donde contrajo matrimonio con Catalina Svanidze. La boda fue religiosa, pues Catalina, muy devota, así lo exigió.

Durante aquella época Stalin no estaba muy decidido aún acerca de qué partido elegir, si el bolchevique o el menchevique, aunque es posible que por aquel tiempo ya se hubiera decidido a favor del bolchevismo.

A finales de 1904 se declaró una huelga de obreros del petróleo en Baku. Chendrikov, uno de los jefes mencheviques, tomó la dirección del movimiento. Stalin, a pesar de que llegó a la ciudad después de empezada la huelga, no tomó parte en la manifestación, pero los obreros consiguieron con su protesta la primera reunión colectiva negociada, que preveía la jornada de nueve horas por rotación de tres equipos.

El domingo sangriento

En un año, y debido a la guerra ruso-japonesa, las fuerzas del zar sufrieron serias derrotas: la flota, llegada de Europa, fue destruida el 26 de mayo de 1905. El aplastamiento militar conllevó consecuencias desastrosas.

Rusia perdió, a lo largo de 1905, más de quinientos mil millones de rublos y murieron miles de hombres por causa de la guerra, y también por hambre o epidemias.

Esta situación provocó muchas huelgas, revueltas y sublevaciones populares.

Precisamente, la huelga de Baku precedió inmediatamente al famoso domingo sangriento.

El domingo 9 de enero de 1905, una multitud de obreros, encabezada por el pope Gapon, inició una marcha hacia el Palacio de Invierno, en San Petersburgo, para presentar una petición al zar.

Los manifestantes, convencidos de que el zar solucionaría sus desgracias, llevaban como muestra de afecto hacia el «padrecito», retratos e iconos suyos.

Pero los guardias del palacio cargaron contra la muchedumbre, causando centenares de muertos. Esta carga fue el inicio de la revolución.

Refugiado en Finlandia, el pope Gapon le escribió al zar en estos duros términos:

> *La sangre inocente de los obreros, de sus mujeres y de sus hijos estará siempre entre ti, ¡destructor de almas! y el pueblo ruso. Jamás será ya posible un vínculo moral entre éste y tú. ¡Que toda la sangre que has derramado, verdugo, caiga sobre ti y tu descendencia...!*

Las huelgas se extendieron por toda Rusia y a partir de febrero la revuelta traspasó las fronteras. Hubo sublevaciones en Polonia y en varias ciudades los obreros eligieron comités, modelos de los futuros soviets.

El zar se vio obligado a ceder, prometiendo reunir una Asamblea Constitutiva, una «Duma», aunque negándose a que los representantes de los obreros tomaran parte en ella, lo que originó protestas por parte de los partidos de la oposición.

En octubre se declaró una nueva huelga general.

En San Petersburgo, los obreros eligieron un Consejo de Diputados, presidido por Trotsky, y durante un cierto tiempo este soviet tuvo realmente las riendas del poder, pues el pueblo obedecía sus órdenes y rechazaba las imperiales.

Pero la Okhrana se encargó de detener a todos los miembros del soviet, lo cual trajo como consecuencia el recrudecimiento de las revueltas y el incremento de las huelgas, que culminaron en diciembre con la sublevación de Moscú.

Sin embargo, obreros y campesinos deberían esperar aún doce años hasta poder lanzarse de nuevo contra el régimen zarista de Nicolás II.

Stalin, durante aquel año crucial de 1905, tomó ya su postura definitiva: apoyaría las tesis bolcheviques.

Durante aquel año, nació su hijo Yasha.

CAPÍTULO V
ENCUENTRO CON LENIN

El 8 de noviembre de aquel mismo año, Lenin llegó a San Petersburgo, procedente de Ginebra. Había decidido que el IV Congreso del POSDR tuviera lugar en la capital rusa.

La fecha estaba fijada para el 10 de diciembre, pero ante la estrecha vigilancia que la Okhrana mantenía sobre Lenin, finalmente se decidió que el congreso se celebraría en Tammerfors, en Finlandia.

El POSDR del Cáucaso tenía que mandar tres representantes, y Stalin aprovechó aquella ocasión para hacerse nombrar delegado por Tiflis, siendo un misterio cómo lo consiguió, pues la mayoría del comité del Cáucaso lo formaban mencheviques que odiaban a Dzhugachvili.

Fue ésta la primera vez que Iósiv salió del Cáucaso, usando para ello un pasaporte a nombre de Ivanovitch.

También fue éste su primer encuentro con Lenin, que describió del modo siguiente:

> *Había esperado ver al águila del partido, tanto desde el punto de vista físico como desde el político. Imaginaba a Lenin como un gigante imponente. ¡Cuánta fue mi decepción al encontrarme con un hombre del todo corriente, de una estatura inferior a la media, igual a tantos y tantos mortales...!*
>
> *Me sentí decepcionado al ver que Lenin había llegado a la conferencia antes que los demás delegados,*

> *no como un hombre importante que para subrayarla se hace esperar, y que, además, del modo más sencillo del mundo se colocaba en un rincón conversando con el más desconocido de los delegados.*

No obstante esta primera impresión, su opinión quedó modificada más tarde, después de los discursos de Lenin. De ellos dijo:

> *Los dos discursos pronunciados por Lenin eran importantes; uno se refirió a la situación política y el otro a la cuestión agraria. Hablaba inspiradamente lo que suscitó un entusiasmo delirante en la sala. Su extraordinario poder de persuasión, la sencillez y claridad de sus argumentos, sus frases ágiles, su carencia de afectación, todo ello daba a Lenin una superioridad innegable sobre los otros oradores habituales.*

Mas, por otro lado, el desarrollo del congreso no fue muy del agrado de Iósiv, al comprobar que en una orden del día se preveía un intento de aproximación entre bolcheviques y mencheviques. Esta moción, presentada y defendida por el delegado Lazovsky, proponiendo la fusión de ambas organizaciones, fue finalmente aprobada, sin que Stalin pudiera intervenir.

Es decir, que en adelante, él, que hasta entonces, y creyendo seguir las directrices de Lenin, había luchado contra los mencheviques, a su regreso a Tiflis debería entenderse con ellos.

Cuatro meses después se reunió en Estocolmo la conferencia de la reunificación y curiosamente, otra vez Iósiv Dzhugachvili formó parte de los once delegados de Tiflis, de los cuales diez eran mencheviques.

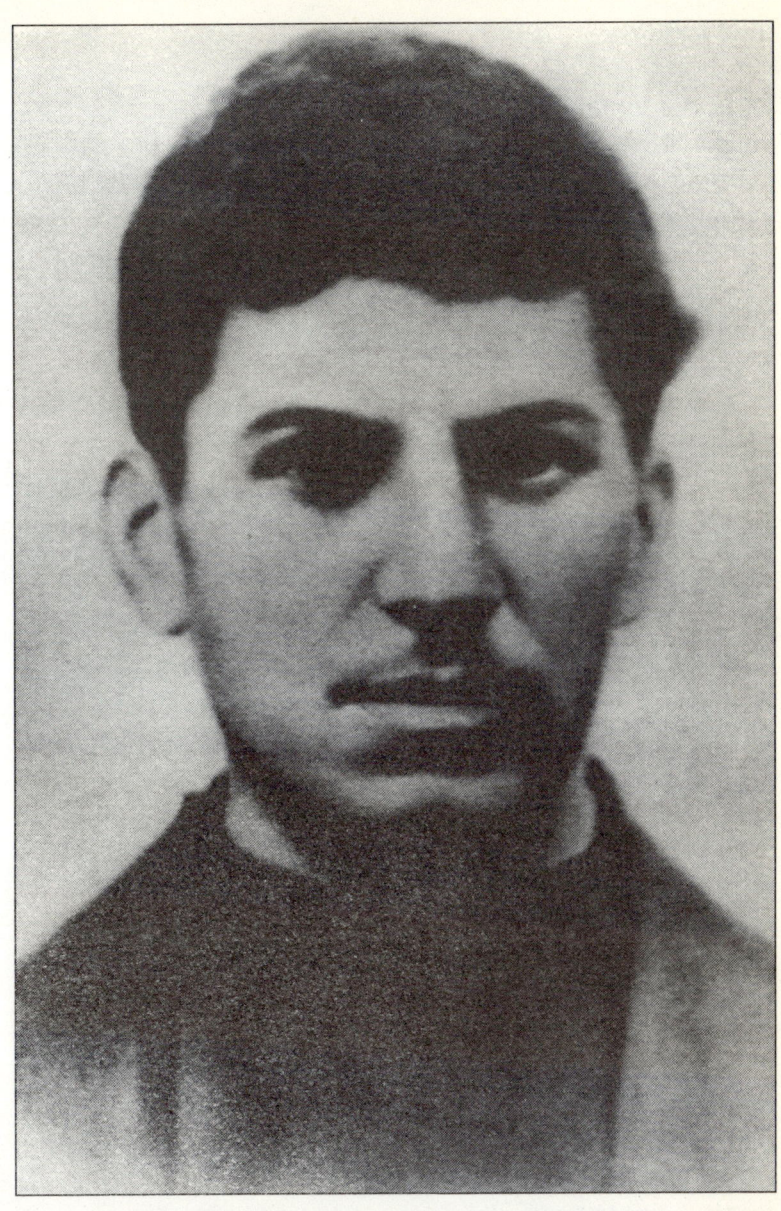
A sus diecisiete años, cuando escapaba del Seminario para sus actividades políticas.

Los *boieviki*

En la conferencia de Estocolmo, Stalin se opuso abiertamente a Lenin en lo tocante al reparto de las tierras. Éste era partidario de la nacionalización simple y llana de las tierras pertenecientes a la nobleza. Un buen número de delegados apoyaba esta idea, pero Stalin se mostró en desacuerdo y propuso a su vez dejar a los campesinos el derecho de apropiarse sin más de las tierras que deseasen.

La conferencia, finalmente, votó contra las expropiaciones, es decir, los robos a mano armada cometidos por los *boieviki,* bandidos bolcheviques asaltantes para facilitar fondos al partido. Aunque Lenin se unió a la protesta, en su interior le importaba poco de dónde procedía el dinero que precisaba para subvenir a sus imprentas, sus periódicos y como ayuda para sus camaradas exiliados.

Los *boieviki*, a los que Stalin se vería mezclado más adelante en una agresión a mano armada, practicaron, sólo en el Cáucaso y en cuatro años, más de mil atentados terroristas, dirigidos por el bolchevique Kote Tsintsadze, para «expropiar los fondos del tesoro imperial».

En 1907, Iósiv Dzhugachvili fue llamado urgentemente a Bantum, donde su esposa Catalina Svanidze agonizaba. Murió en abril de 1907, tras recibir los Sacramentos.

Ian Grey, ya citado, afirma que Stalin probablemente sufrió mucho con la muerte de su joven esposa, pero la descripción de Iremachvili sobre su teatral conducta en el funeral es poco convincente: «A las puertas del cementerio, me apretó fuertemente la mano, señaló el féretro y dijo: ¡Esta criatura ablandó mi corazón de piedra. Ella ha muerto y con ella, mis sentimientos de afecto hacia cualquier ser humano! Colocó su mano derecha sobre su corazón: ¡Estoy profundamente desolado, ¡indescriptiblemente desolado!» Este biógrafo afirma que la boda se celebró en 1903. Ian Grey señala que por entonces

Iósiv se hallaba en prisión, pero las autoridades zaristas, para mostrar su unión con el clero, «la alianza del trono y el altar» de tan fatales consecuencias para todo tipo de iglesias, permitían que los popes celebraran bodas solemnes en la cárcel.

Iremachvili escribe que Catalina, la mujer de su amigo, falleció en 1907, pero Yasha, el hijo de ambos, nació en 1908 según Ian Grey, que se fía de la manifestación de las hermanas de Catalina, así que concluye este último biógrafo, «la muerte de la esposa de Stalin es probable que no se produjera hasta 1910». Sea como fuere, lo cierto es que la muerte de la joven esposa terminó por insensibilizar el carácter del futuro dictador, tan maleado ya por su padre. Implacable para sí mismo, lo fue también para todos. Yasha, con el tiempo llegaría a ser general del ejército rojo.

Iósiv nunca hablaba de este matrimonio porque creía que los auténticos revolucionarios debían considerar estos asuntos como personales, añadiéndose además a ello lo introvertido y reservado que era sobre su vida privada. Recién salido del seminario es fácil que sintiera cierto cariño por ella, pero le debía repugnar en el fondo las dulces recriminaciones que le hacía cuando regresaba a casa tras las reuniones clandestinas o las acciones violentas, para que se apartara de todo lo que pudiera desagradar a Dios, dejara aquella vida de constante acción y sobresalto por otra más tranquila dedicada al monótono trabajo cotidiano y a su abnegada esposa e hijo.

Sin su presencia y apoyo, Stalin abrazó para siempre la azarosa carrera de revolucionario profesional, única que le permitía la oportunidad de sacar a la superficie las reservas de odio y resentido que se habían ido acumulando en su interior. Sus pasadas experiencias de seminarista le habían preparado magníficamente para tomar parte en conspiraciones y había aprendido a sospechar de todos, contribuyendo a aumentar su astucia y sus dotes para el disimulo, sus prácticas revolucionarias, a la par que aumentaban su inquina y su envidia a la autoridad por las persecuciones de la policía secreta zarista, asimilando además la técnica de sus perseguidores, que acudían a procedimientos inquisitoriales para obtener «confesiones», aprendiendo de ellos, por así decirlo, todo lo que podía llegar a saberse referente a amenazas, violencias físicas, torturas morales, falsificación de testimonios, soborno de testigos falsos y demás armas del arsenal del terror y de la opresión, sin que olvidara nunca estas lecciones, que aplicó con tal maestría, cuando estuvo en el poder, que habría avergonzado a sus propios perseguidores zaristas.

CAPÍTULO VI
STALIN TIENE QUE VIAJAR

En el mes de mayo, Stalin viajó a Londres en unión de seis delegados del Cáucaso, para participar en el V Congreso del POSDR, donde por primera vez vio a Trostky.
De este encuentro, uno de los congresistas dijo:

> *Vio en Londres al hombre que, en adelante sería su rival más obstinado. Era de talla mediana, con un perfil muy acusado y la nariz aguileña. De frente despejada, lo parecía más por llevar el cabello peinado hacia atrás. Boca grande y sensual. Stalin me preguntó de quién se trataba y yo le dije el nombre: Trotsky, a quien se tenía por el mejor orador del partido, el autor de la teoría de la revolución permanente.*

Fue en aquel congreso donde, al ponerse en debate la cuestión de las dificultades financieras del partido, surgió la idea, preconizada por Krassin, el brazo derecho de Lenin, de desvalijar el tesoro público de Tiflis, donde siempre había grandes sumas de dinero.

Por unanimidad se aprobó la idea y el encargado de llevarla a cabo fue el hombre en quien, por su carácter flemático y decidido, más se podía confiar en que saliese exitoso del plan, máxime por su conocimiento de la ciudad: Iósiv Dzhugachvili.

Éste aceptó y le fueron entregados cinco mil rublos para la preparación del golpe y un pasaporte a nombre de David Chizhikov, natural de Vladivostok.

La fecha del asalto se fijó para el día 13 de junio, sabedor Stalin de que en aquella fecha debía transportarse una fuerte suma. El convoy iba a transitar por la calle Solokasnia y atravesar la plaza Erivanskaia.

Ter Petrosian quedó encargado por Stalin de hacerse con armas y explosivos.

El atraco

El día fijado, sobre las diez de la mañana, dos coches de caballos, con una escolta de cosacos, se detuvo ante el edificio de Correos. El cajero y un contable del Banco de Tiflis se apearon del primer coche y del segundo lo hicieron dos guardianes armados con fusiles. En aquel momento, una mujer que observaba la operación se dirigió a un café cercano desde el que llamó por teléfono a un restaurante situado en la calle Tilikuhhury, donde aguardaban Stalin y los camaradas seleccionados para el golpe.

Stalin salió apresuradamente del restaurante y se situó en el tejado de un edificio adjunto a Correos desde el que podía observar el desarrollo de la operación.

Cuando los empleados del Banco salieron de Correos llevando unas sacas repletas de dinero, otra mujer, en la acera, sacó un pañuelo, señal convenida para los asaltantes.

A esta señal, un coche de caballos en el que iba un oficial en uniforme —en realidad era Ter Petrosian—, fue acercándose al edificio de Correos, en el mismo instante en que una bomba, lanzada desde el tejado donde estaba apostado Stalin, cayó en medio de los primeros coches produciendo una gran explosión. A esta primera bomba se unieron otras varias lanzadas desde la acera, al tiempo que se efectuaban unos disparos. Los cosacos no pudieron reaccionar a tiempo y en la calzada quedaron el cajero y el contable del Banco gravemente heridos. Entonces, del coche de caballos que se había ido acercando con lentitud, bajó el oficial —Ter Petrosian—, quien se apoderó de los sacos, subió de nuevo a su coche y disparando su pistola, huyó de allí.

Todo el episodio no duró más de unos minutos. La policía no pudo descubrir ninguna pista, pues el atraco se había llevado a cabo con gran precisión.

Stalin y sus camaradas se habían apoderado de trescientos cuarenta mil rublos en billetes, bonos del Tesoro y acciones de la Compañía del Ferrocarril.

Sin embargo, esta adquisición de dinero proporcionó a los bolcheviques mala fama.

Aquel botín fue enviado de modo clandestino a Finlandia, donde residía a la sazón Lenin, quien encargó al camarada Litvinov que en París cambiase el producto del robo. Pero éste cayó en manos de la policía y todo el asunto quedó en un fracaso.

Mientras tanto, Stalin, en su nuevo nombre de Chighikov, se instaló en Baku, donde los bolcheviques eran poderosos, y allí fue elegido miembro del Comité del Petróleo de la ciudad.

De este episodio de su vida, dijo Stalin:

> *Dos años de revoluciones entre los obreros del petróleo, en Baku, me curtieron como luchador convirtiéndome en un dirigente activista. Allí aprendí por primera vez lo que significa dirigir a grandes masas obreras.*

A raíz de aquellos acontecimientos, la contrarrevolución del Gobierno Stolypin empezó a actuar con gran eficacia y las deportaciones a Siberia se multiplicaron.

En el V Congreso del Partido, celebrado en Londres, Stalin expuso las crecientes dificultades en que se encontraban los agitadores en Rusia. No obstante esto, al regresar a Baku, Iósio reemprendió sus actividades revolucionarias, rodeado de gente que pronto llegaría a figurar de modo notable en el Partido: Vorochilov, Spandarian, Chaumian, y otros.

Piotr Stolypin había sucedido como presidente del Consejo del Gobierno al conservador Goriemskin, anciano retrógrado e intrigante, auténtico fantoche que deshizo cuanto de bueno había conseguido el fiel e incansable Witte, que había tenido «que bailar con las más fea» y firmar la humillación ante el Japón.

El 11 de abril de 1906, fue asesinado por los socialistas revolucionarios, que lo creyeron un agente provocador, el pope Georgui Gapón, líder de la manifestación ante el Palacio de Invierno en el «domingo sangriento» de enero de 1905. Su perdición fue escribir a Durnovo, ministro del Interior, ofreciéndole sus servicios.

Stolypin sería un político nato y sin escrúpulos que cometería dos errores fundamentales: su ley agraria, que creó una nueva clase, miserable y desesperada, el proletariado campesino, y su increíble intento de rusificación violenta del país, cometiendo toda suerte de exacciones con las minorías nacionales. En su Gobierno no contentó a nadie. A pesar de la pacificación aparente, el terrorismo llegó a extremos inconcebibles: hubo mes en que trescientos funcionarios militares o civiles fueron asesinados. Gobernó bajo el signo del terror de tal modo, que a la horca se la llamó «la corbata de Stolypin». Uno de sus colaboradores lo describió así: «Su alta estatura, su voz helada, todo su aspecto revela una naturaleza dominante, insensible y cruel» (¡ni más ni menos que como Stalin!).

El 25 de agosto de 1906 sufrió un atentado provocado por una bomba arrojada contra él. Causó 27 víctimas, entre ellas dos hijos del presidente que resultaron heridos. La bomba estalló en el despacho y Stolypin sólo recibió algunas salpicaduras de tinta. El 14 de setiembre de 1911 el atentado sería mortal.

Sucedió en el teatro de Kiev y perpetrado por Dmitri Bogrov, de profesión abogado y de ideas anarquistas. Consiguió entrar en el teatro gracias a un pase que le había entregado el jefe de la policía secreta de Kiev, Kuliabko al hacerse pasar por delator. Kuliabko le facilitó la entrada al teatro para que le ayudara a detectar la posible presencia de anarquistas. Aprovechándose de esa circunstancia, Bogrov pudo acercarse al primer ministro, junto a la orquesta, para dispararle a la cabeza antes de que se levantara el telón.

El autor del atentado fue inmediatamente detenido y sometido a un juicio sumarísimo que lo condenó a muerte. Con la desaparición de Stolypin, lo hizo la última figura política de enérgica personalidad del zarismo.

Los últimos políticos serían lamentables. De hecho llegarían al poder por recomendación del misterioso y execrable Rasputin. Ninguno tendría el talento y la energía necesarios para salvar el país.

CAPÍTULO VII
NUEVO EXILIO

Otra vez en manos de la Okhrana

Ante el cariz peligroso que tomaban los acontecimientos para la seguridad de su persona, Stalin cambió de nuevo su nombre por el de Organus Totomyants, lo que no impidió que fuese detenido junto a otros camaradas.

De su detención, en el informe de la policía se hizo constar:

> *Hombre muy peligroso. Se trata de un jefe de la máxima categoría, aunque no existen muchas pruebas en su contra.*

Este informe, no obstante, fue transmitido al Ministerio de Asuntos Interiores.

Stalin sólo fue condenado en esta ocasión a dos años de exilio en Siberia, en Vologda.

No duró mucho en este lugar, pues pronto se procuró un nuevo pasaporte a nombre, esta vez, de Muradians, y el 24 de junio de 1908 partió hacia Moscú, y de allí regresó a Baku.

Poco después fue de nuevo detenido y tras pasar medio año en prisión fue otra vez deportado a Siberia, donde permaneció hasta el año 1911.

Una vez en libertad, se trasladó a San Petersburgo, y de nuevo con el seudónimo de Koba redactó numerosas cartas que envió a los periódicos del partido en el extranjero. Se editaron con el título de *Correspondencia de San Petersburgo*, y en ellas se mostraba ferviente partidario de Lenin, atacando a los mencheviques.

De estas cartas Lenin se hizo eco en un artículo publicado en *El Social-Demócrata*, en estos términos:

> *La correspondencia del camarada Koba merece toda nuestra atención... Difícilmente se puede pensar en una refutación más apropiada de los conceptos de los «reconciliadores»* —se refería a los socialistas moderados. De Trotsky, en el mismo artículo, decía—: *Quien está por el grupo de Trotsky mantiene una política de engaño a los obreros, que favorece el disfraz de los «liquidadores».*

De nuevo, Stalin fue detenido en San Petersburgo e ingresado en prisión en septiembre de 1911. Poco después fue enviado a Vologda, esta vez por tres años.

A principios de 1912, Stalin fue visitado por Sergio Ordjonikidze, portador de una buena noticia: en aquel mismo enero se había celebrado una conferencia en Praga y la fracción bolchevique había elegido un nuevo comité central, del que, aunque no en la primera votación, sí en la segunda, Lenin consigue que Stalin sea uno de los cinco dirigentes.

Es la primera vez que Lenin intercedió por Iósiv y éste decide entonces salir de su residencia forzosa, partiendo el 29 de febrero hacia San Petersburgo.

Después de un corto viaje a Baku para reconstruir un comité bolchevique, regresó a San Petersburgo, participando aquí en la redacción del periódico *Zverzda* y en el lanzamiento de *Pravda*, cuyo primer número salió el 22 de abril de 1912, con un editorial firmado por él, donde decía:

> *Creemos que un movimiento fuerte y vigoroso es impensable aún sin que medie la controversia. Una*

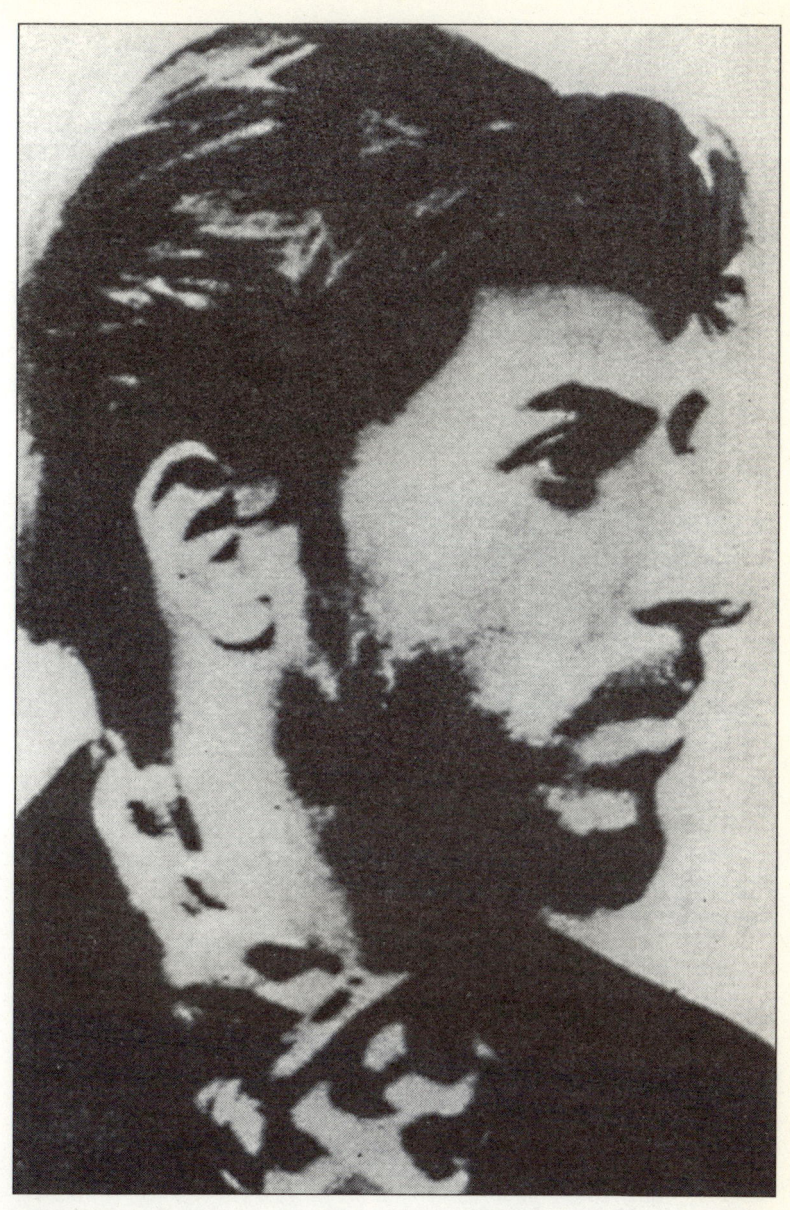

El año 1905 decidió José Vissarionovitch apoyar las tesis bolcheviques.

total conformidad de puntos de vista no puede conducir más que al fracaso.

En realidad, lo que Stalin buscaba era la unión definitiva con los mencheviques.

El mismo día en que salió el futuro periódico oficial de la Rusia soviética, Stalin fue de nuevo detenido, enviado a prisión y posteriormente condenado a tres años de exilio en la región de Narym, en Siberia occidental.

Poco duró en este lugar, pues en el mes de septiembre del mismo año de 1912 estaba de regreso en San Petersburgo donde, con un camarada de partido, un estudiante llamado Vyacheslav Mikhailovich Skryabin —de alias Molotov—, aseguraron la continuidad de *Pravda*.

Fueron bastantes los artículos de Lenin que se publicaban en el periódico, pero también eran bastantes las ocasiones en que se les olvidaba enviar el dinero de sus colaboraciones a aquél.

Lenin acabó enfadándose y llamó a Stalin a Varsovia, y tras decirle lo que pensaba de *Pravda* envió a Sverdlov a ponerse al frente del periódico.

El día 12 de enero de 1913 apareció por primera vez en el periódico un artículo firmado por J. Stalin, nombre que el mismo Lenin, después de la discusión con Iósiv y su posterior reconciliación, aconsejó que adoptase.

Días después, Stalin salió para Viena, donde debía realizar un estudio contra la autonomía cultural de las minorías nacionalistas austríacas, y también contra la línea socialista judía y el federalismo de los mencheviques de Georgia.

En Viena, Stalin volvió a encontrarse con Trotsky, y esta vez fue éste quien describió al georgiano:

Un hombre de aspecto tierno, de mirada triste, con aire agresivo, que se expresa con gruñidos...

De Viena, Stalin pasó a Cracovia donde escribió *El marxismo y la cuestión nacional*, la más valiosa obra teórica de las escritas por él, tal vez porque el estilo no era el suyo, apreciándose más bien la influencia leninista.

Stalin regresó después a San Petersburgo, y el 23 de febrero de 1914, mientras asistía a un concierto, la policía, avisada por un delator, hizo una rápida incursión. Aunque Stalin se cubrió con una capa prestada por la esposa del director de orquesta, amigo suyo, un policía se le acercó y levantándole el capuchón, le reconoció.

Esta vez fue condenado a cuatro años de exilio en Turukhansk, cerca del círculo polar. Era el lugar reservado a los revolucionarios más peligrosos. La Okhrana, finalmente, reconocía los «méritos» de Stalin.

Svetlana, la hija de Stalin, escribió que su padre se refería a veces a Siberia hablando de «su severa belleza y su gente inculta y silenciosa». Se llevaba bien con los lugareños, que le enseñaron a pescar en el río Yenisei, pero él en lugar de quedarse en un sitio, como hacían ellos, iba de un lado a otro hasta que encontraba un lugar en el que los peces picaban bien. Frecuentemente era tal la cantidad de pesca cobrada que los siberianos llegaron a la conclusión de que Stalin poseía poderes sobrenaturales y le decían: «Tú conoces el secreto».

Cierto día, un terrible huracán de nieve se desató en pleno invierno, Stalin regresaba a la aldea cuando se extravió. Se acercó entonces a dos campesinos y comprobó con estupor cómo se alejaban de él a toda prisa. Después se enteró de que su cara se hallaba tan cubierta de nieve y hielo que tenía el aspecto de un duende. Su hija descubrió años después que unas tías suyas le habían contado que en la época del forzoso destierro siberiano había convivido con una lugareña de la que tuvo un hijo. Como tenía poca formación jamás pretendió un apellido.

En Siberia Stalin se aburría. Aquella forzada inactividad contribuía a la desintegración de la organización bolchevique. El tiraje de *Pravda* bajó de cuarenta mil ejemplares a la mitad a causa de la escisión en la Duma (Parlamento) de bolcheviques y mencheviques más moderados. Al propio tiempo, la policía secreta seguía deteniendo a todos los activistas bolcheviques y descabezando el partido.

CAPÍTULO VIII
LA I GUERRA MUNDIAL

En agosto de 1914 estalló la I Guerra Mundial y los rusos se vieron enfrentados con Alemania. El método de batallar de los rusos era muy simple: aplastar al enemigo bajo la masa, con ataques a la bayoneta, lo que era respondido con las ametralladoras alemanas y a cañonazos, lo cual provocaba grandes pérdidas rusas en los campos de batalla.

En la corte, los fracasos causaban desazón y se formaron clanes, achacándose unos a otros los desastres del frente. La zarina seguía las consignas de Rasputin, lo que hacía crecer el odio que el pueblo sentía hacia la extranjera.

A este respecto, Trotsky escribió:

> *Para justificar esta situación, esta mujer alemana adoptaba con una especie de ira calculada las tradiciones y matices del feudalismo ruso, el más mezquino y grosero de todos, y esto cuando el pueblo realizaba los máximos esfuerzos para liberarse de él. Esta princesa de Hesse estaba poseída por el demonio de la autocracia.*

Fueron, en total, quince millones de hombres los reclutados para el ejército, que estaba al mando de Sukhomlinov. Pero, a pesar de todo, el pueblo ruso, contrariando a los dirigentes revolucionarios, no se sublevó contra el zar, al contrario, ya que fueron suprimidas todas las huelgas, reemprendiendo los obreros el trabajo y proclamando su adhesión al zar, el cual afirmó que nunca firmaría la paz mientras se encontrase un soldado alemán en suelo ruso.

Entre tanto, Stalin, en su exilio, terminó el *Estudio de las nacionalidades*, cuyo manuscrito envió a Lenin y éste, a su vez, le hizo llegar desde Suiza el *Manifiesto al partido y a la clase obrera*.

Las ideas vertidas en este *Manifiesto* crearon violentas discusiones entre los exiliados, pues la mayor parte de éstos era contrario a los puntos de vista de Lenin.

No obstante, Stalin estaba de acuerdo con aquél, pues consideraba que la violencia era el único medio de luchar contra el poder.

La guerra seguía cruenta, con desastres y miseria. Rasputin era cada día más odiado hasta que finalmente, en la noche del 29 al 30 de diciembre de 1916, fue asesinado por el príncipe Yussupoff y varios de sus amigos.

La muerte del odiado *staretz* fue recibida con alegría en toda Rusia y pronto se constituyeron en Petrogrado —nuevo nombre impuesto a San Petersburgo, por tener éste demasiada connotación germánica— tres centros de agitación: la Unión de los Pueblos, organización de cariz aristocrático, que sólo deseaba un cambio en palacio; la extrema izquierda y los socialdemócratas. Éstos, mediante la organización «Mezhrayonka» trataban de unir a bolcheviques y mencheviques. Trotsky formaba parte de la asamblea, así como Máximo Gorki.

CAPÍTULO IX

FEBRERO, ANTESALA DE LA REVOLUCIÓN DE OCTUBRE

El día 18 de febrero de 1917, cuando los alimentos eran ya muy escasos y faltaba el combustible para las calefacciones, se produjeron las primeras manifestaciones de obreros del ramo textil que prosiguieron hasta el 23, cuando la huelga se extendió a otras fábricas, desembocando finalmente el 25 con una huelga general.

La policía se opuso a las manifestaciones, produciéndose las primeras algaradas, y efectuándose disparos por ambos bandos, con muertes y heridos.

El día 27, los obreros, apoyados esta vez por guardias, atacaron las comisarías de la Okhrana. Se saqueó el arsenal y el Palacio de Justicia fue incendiado.

La Duma, la Asamblea Legislativa instituida por Nicolás II después de la revolución de 1905, debía abrir sus sesiones el día 27 de febrero. El día 28, delegados de los partidos obreros formaron un comité ejecutivo de los soviets, y por su lado los diputados de la izquierda formaron a su vez un comité provisional.

Kerensky pronunció una virulenta acusación contra el Gobierno, exigiendo en ella el fin de la guerra.

El día 1.º de marzo se racionó el pan y las panaderías fueron asaltadas.

En un intento de poner un poco de orden en el caos imperante, debido a que el zar —en aquellos días a más de quinientos kilómetros de Petrogrado— no reaccionaba, prefiriendo creer las noticias que le llegaban del Palacio de Invierno, desde donde la zarina le envió un telegrama diciéndole que «la calma reina en la ciudad», la Duma nombró el 2 de marzo un gobierno provisional presidido por el príncipe Lvov, del que formaba parte Kerensky.

Pero al mismo tiempo el soviet publicó un decreto en el que indicaba:

> *Las unidades militares, en todos sus actos públicos, quedan sometidas al soviet de los diputados obreros, y a sus comités. Las órdenes emanadas de la comisión militar de la Duma sólo serán obedecidas si no contradicen las decisiones tomadas por el soviet.*

Esta doble posición de mando era un claro enfrentamiento entre el gobierno burgués y los revolucionarios, lo que, finalmente, iba a desembocar en la guerra civil.

Mientras tanto, Stalin continuaba en el exilio, entonces en Krasnoiarsk, a donde había sido trasladado, mas por poco tiempo. Por orden del Soviet de la capital los deportados fueron liberados y el 12 de marzo Stalin y sus compañeros de exilio llegaron en tren a Petrogrado. El mismo día, el Comité Central reingresó al dirigente georgiano, aunque sólo con carácter consultivo.

Pero Stalin no era hombre para permanecer en un segundo plano, y pocos días después ya era miembro de pleno derecho del Comité, elegido por el Presidium y designado, junto con Kamenev, para representar al buró ante el Comité Central del soviet. Asimismo, el periódico *Pravda* pasó a estar dirigido por Kamenev, Muranov y el propio Stalin.

El periódico publicó por aquellas fechas una editorial en la que se preconizaba un sostenimiento al Gobierno provisional para luchar contra la reacción y la contrarrevolución, invitando a los contendientes a firmar la paz.

Esta toma de posición molestó a los bolcheviques de la línea dura que pidieron la destitución de los tres deportados.

Stalin, en la conferencia del partido, celebrada el 27 de marzo en Petrogrado, se defendió con estas palabras:

> *El poder, al estar dividido en dos órganos, no es ejercido en plenitud. Hay fricciones y luchas. El Soviet ha tomado la iniciativa de las transformaciones revolucionarias y el Gobierno provisional ejerce el papel de consolidador de las conquistas del pueblo revolucionario. El soviet moviliza las fuerzas y las controla; el gobierno provisional quiere reafirmar las conquistas del pueblo cuando ya se han conseguido.*

Lenin contrapuesto a Stalin

Lenin llegó a la frontera ruso-finlandesa el 3 de abril, procedente de Suiza. Kamenev le recibió y fue insultado por el recién llegado, tildándole a él, a Muranov y a Stalin de locos y reprochándoles lo publicado en *Pravda*.

En Petrogrado, donde se le recibió triunfalmente por la delegación del Soviet, Lenin preconizó la victoria de la revolución socialista, lo que representaba una condena formal de las teorías de Stalin.

En la conferencia posterior, ante la reunión de los bolcheviques y de los mencheviques, fue silbado cuando afirmó que la unidad con los mencheviques era una verdadera traición al socialismo.

> *¡Hay que tomar la iniciativa y crear una internacional revolucionaria. Y es preferible estar solo que unirse con los mencheviques!*

Esta tesis, conocida como «Tesis de abril», no llegó a ser adoptada por la conferencia ni por el Comité Central. Stalin, no obstante, no llegó a pronunciarse públicamente contra Lenin, manteniendo esta toma de posición hasta el día en que se convirtió en el dictador de Rusia.

A este respecto, Trotsky dijo:

> *Para Stalin, pasar inadvertido en los momentos decisivos y cambiar de posición en silencio se convierte en su más fundamental norma de conducta.*

El mismo Trotsky, a la sazón presidente del soviet de Petrogrado, junto a Zinoviev y algunos otros, enardecían a las masas obreras y a los soldados, organizando una manifestación para el 10 de junio. Pero el Comité Central se opuso a ella organizando a su vez su propia manifestación para el día 18. Ese día, más de quinientas mil personas recorrieron las calles de la capital con pancartas pidiendo el poder para los soviets y la caída de los ministros capitalistas.

Esta manifestación se repitió el día 3 de julio, pero contrariamente a la anterior, en la que no se produjeron violencias, en ésta el Gobierno ordenó la intervención de las tropas fieles y ante su acometida fueron numerosas las bajas sufridas por los obreros.

También fue saqueada la imprenta donde se imprimía el periódico *Pravda*.

Lenin tuvo que refugiarse en casa de Sergio Alliluiev, saliendo de allí poco después, con destino a Finlandia, bajo el amparo de un disfraz.

En la Revolución de Octubre de 1907 formó parte de los comisarios del pueblo.

En cambio, Trotsky se dejó prender para asumir la responsabilidad, siendo puesto más adelante en libertad bajo fianza.

La deserción de Lenin y la obligada renuncia de Trotsky confirió el poder a Stalin, que se convirtió, de este modo, en el líder bolchevique, aunque pronto, fiel a su modo de obrar, desapareció de escena, pasando entonces muchas veladas en casa de Alliluiev, cuya hija, de diecisiete años, estaba enamorada del georgiano. Stalin, veintiún años mayor que Nadejda, que así se llamaba la muchacha, se casó con ella en mayo de 1919.

CAPÍTULO X
LA GUERRA CIVIL

Las semanas siguientes fueron tensas y agitadas. Las provisiones eran cada vez más escasas y los campesinos se iban apoderando de las tierras que se les habían prometido. Por su parte, los soviets se negaron a obedecer al Gobierno.

Desde su exilio en Finlandia, Lenin, en octubre de 1917, instó a la acción al Comité Central, mientras en Petrogrado, Trotsky preparaba el levantamiento, armando a los guardias rojos e impidiendo la salida hacia el frente de los regimientos adictos a los bolcheviques.

Lenin encargó a un comité formado por siete miembros que preparase la toma de poder. Este comité estaba formado por el propio Lenin, Trotsky, Zinoviev, Kamenev, Sokolnikov, Bubnov y Stalin.

Al II Congreso del Soviet, llevado a cabo en Petrogrado, asistió Lenin, muy aclamado, proponiendo en su discurso que el Gobierno no se constituiría con ministros sino con comisarios del pueblo. La sugerencia fue aprobada entusiásticamente y Lenin fue nombrado presidente del Consejo. Trotsky fue encargado de los Asuntos Exteriores y Stalin de las Nacionalidades.

La caída del Palacio de Invierno

Durante los días siguientes los rumores se adueñaron de las calles de la capital. Se afirmaba que Kerensky, al frente de tropas fieles al Gobierno, estaba a las puertas de Petrogrado. Alentados por estas noticias, los cadetes ocuparon entonces la estación de teléfonos expulsando a los guardias rojos, si bien esta estación cambió en pocas horas varias veces de mano.

El 7 de noviembre, el Consejo de Comisarios del Pueblo tomó la iniciativa, decidiendo acabar de una vez con la confusa situación. Para ello, a las órdenes de Antonov-Ovssenko, los guardias rojos pusieron cerco al Palacio de Invierno.

A las nueve de la mañana de aquel día dos salvas disparadas desde el crucero *Aurora*, cuya tripulación era adicta a los bolcheviques, abrió la batalla, continuándose enseguida con un cañoneo más sonoro que eficaz contra el palacio, si bien el batallón de mujeres, que junto con los cadetes, estaban a cargo de su defensa, se rindieron. Finalmente, al día siguiente, de madrugada, el Gobierno se rindió a los revolucionarios, aunque Kerensky pudo huir en un coche facilitado por la Embajada americana.

El poder total, por fin, estaba en poder de los soviets, pero las escaramuzas no cesaron todavía, produciéndose muchos enfrentamientos en las calles de la ciudad, aunque por último, los insurgentes, con Bujarin, Smirnov y Muralov al frente, se impusieron.

Aunque el Consejo de Comisarios del Pueblo dictó muchos decretos, ofreciendo a los beligerantes una paz rápida, entregando a los campesinos las tierras y suprimiendo la pena de muerte, queriendo sinceramente llegar a una verdadera democracia, ello no podía lograrse con tanta premura como deseaban los socialistas, por la sencilla razón de que el pueblo, tras tantos y tantos años de opresión, no estaba preparado para pasar de repente del capitalismo medieval al socialismo. Por todo ello, Lenin pensó que las medidas más inmediatas, en principio, eran nacionalizar la Banca y entregar el control de la producción a los obreros.

Y contrariamente a lo que pudiera creerse, fueron los campesinos los primeros que se rebelaron, protestando contra las requisas. A ellos, y aprovechando la ocasión, se unieron todos cuantos habían sufrido la acción de los bolcheviques, en un intento de derrocar a Lenin, formando en conjunto —oficiales del ejército, intelectuales, clero, burguesía— el llamado «ejército blanco», lo que llevó a la verdadera guerra civil que duró cuatro años y dejó a Rusia exhausta.

Entre tanto, los soviets firmaron la paz con Alemania, si bien la misma no llegó a ser efectiva enseguida, ya que las negociaciones para la firma del armisticio, que debía llevarse a cabo en la ciudad polaca de Brets-Litovsk por las dos delegaciones, la alemana presidida por el general Hoffmann, y la rusa por Joffé, un amigo de Trotsky, se rompieron por las fuertes exigencias de los alemanes que pedían la entrega de toda Polonia, la totalidad de Lituania y gran parte de los Estados Bálticos, habitados por los ucranianos y dominados por los rusos blancos.

Una nueva tentativa de paz se llevó a cabo el 8 de enero de 1918, esta vez con Trotsky al frente de la delegación rusa, y después de unos días de negociaciones, el resultado fue igualmente infructuoso, pues Trotsky, ante las reiteradas exigencias de los alemanes, se negó en rotundo a la firma del armisticio.

Días después los alemanes reanudaron la ofensiva contra Petrogrado y Moscú.

Esto llevó a la postre la dimisión de Trotsky como Comisario de Asuntos Exteriores, para pasar a dirigir, junto con Sklyansky la dirección del Comité Militar Revolucionario, al mando del Ejército Rojo.

Para la cuestión política se formó el Consejo de Defensa, del que formaron parte Lenin, el propio Trotsky, Krassin, Sverdlov y Stalin.

Sin embargo, ante el cariz de la ofensiva alemana, el Comité de Defensa decidió finalmente firmar la paz, siendo Stalin uno de los que votaron a favor de dicha resolución. Y para llevar a efecto la firma se envió a Sokolnikov para que firmase «a cualquier precio». Los alemanes habían aumentado sus exigencias, pidiendo además Finlandia y trescientos millones de rublos en oro.

Rusia se vio privada así, de golpe, de la tercera parte de su población, de gran parte de sus cosechas y de casi la mitad de sus industrias.

Mientras tanto, proseguía la guerra civil. Stalin fue enviado a Tsaritsyn, importante centro estratégico, receptor del petróleo del Caspio. Allí intrigó contra Trotsky de tal modo, que Lenin tuvo que informarse por el propio Trotsky de la situación, quedando éste asombrado de la anarquía que reinaba en el mando. Entonces Stalin, ante las drásticas medidas dictadas por Trotsky, se mostró implacable con quienes conspiraban contra su mandato, ejecutando sumariamente a los espías y a los que le infundían la menor sospecha.

El mismo Trotsky quedó asustado ante la crueldad mostrada por Stalin y solicitó a Lenin que le llamase la atención.

En los otros frentes en que se combatía contra los blancos, los rojos, haciendo verdaderos prodigios, iban consiguiendo victorias.

Stalin fue enviado a Ucrania, donde continuó poniendo en práctica sus particulares medios, de tal modo que en octubre de 1918, Vatsetis, el jefe del Estado Mayor, telegrafió a Trotsky en los siguientes términos:

Las actividades de Stalin arruinan todos mis planes.

Y en octubre de 1919 Trotsky telegrafió a Sverdlov diciéndole que la actitud de Stalin significaba la destrucción de todo aquello que iban construyendo.

No obstante, Stalin fue visitando todos los puntos de conflicto, aplicando en ellos más o menos los mismos métodos de represión.

En marzo de 1919 tuvo lugar el VIII Congreso del Partido, que a partir de entonces se llamó ya Comunista. Propuesto por Lenin con el apoyo de Stalin, se formó un buró político de cinco miembros, donde se agruparon los propios Lenin y Stalin, Trotsky, Kamanev y Krestinsky.

En el aspecto militar, la situación iba mejorando y las tropas rojas al mando del general Kamenev (no el Kamenev del buró político) aplastaron a las fuerzas del general Koltchak, que tuvo que huir a Siberia. Sin embargo, en el sector de Moscú el general blanco Denikin tomó Orel, siendo entonces Stalin enviado a dicho sector.

Ante el cariz de la situación, poco favorable, Stalin pidió refuerzos, lo que fue criticado por el buró político, aunque finalmente, al ser creada la caballería del Ejército Rojo, Stalin pudo detener el avance de Denikin en principio, y finalmente obligarle a retirarse.

A pesar de estas victorias, la guerra civil no estaba aún liquidada. El ejército blanco ocupaba todavía todo el Cáucaso. Lenin quiso enviar allí a Stalin, pero éste rechazó la misión, si bien más tarde se proclamó libertador del Cáucaso.

CAPÍTULO XI
LA SITUACIÓN EN POLONIA

A principios de marzo, el general polaco Pilsudski envió sus tropas contra el Ejército Rojo, tomando Kiev y ocupando casi toda Ucrania. A este ataque replicaron los soldados soviéticos que rechazaron a los polacos, llegando a alcanzar la línea Curzon.

Trotsky, entonces, se opuso a proseguir el avance, a lo que Stalin se mostró de acuerdo. Sin embargo, Lenin instó a lo contrario e inmediatamente Stalin cambió de opinión, poniéndose a favor de Lenin y su «aceleración de la ofensiva contra Polonia».

Lenin creía que una victoria en Polonia haría que se sublevasen a su favor los trabajadores polacos e incluso los de Alemania.

Tukhatchevski fue enviado hacia Varsovia, sin encontrar demasiada resistencia y otro ejército, mandado por Vorochilov y Stalin apoyaban el avance más al Sur, intentando conquistar Lvov. Pero Wrangel atacó en Crimea y el Comité Central envió a Stalin a ayudar a Egorov y Frunze, que se estaban oponiendo al avance de Wrangel.

Este cambio de destino no fue del agrado de Stalin, que escribió a Lenin en los siguientes términos:

> Puedo trabajar en el frente como máximo quince días. Preciso un descanso. Busca alguien que me sustituya. No creo en las promesas del comandante en jefe; sólo te entretiene con ellas...

El Comité Central dudaba. Envió como refuerzo a Tukhatchevski la primera división de caballería y el duodécimo ejército, para presionar más sobre Varsovia. Pero Stalin, otra vez, se negó a obedecer. Quería las tropas para sí y de este modo poder tomar Lvov. Por ello, le escribió a Kamenev:

> *Los ejércitos del frente sudoeste llevarán a cabo su misión, que es la de apoderarse de la región Lvov-Rova-Russka, en lo que ya están comprometidos. Considero que un cambio en las circunstancias actuales es impracticable.*

Aprovechándose de ello, Pilsudski lanzó un contraataque que rechazó a más de doscientos kilómetros hacia el Este a las tropas de Tukhatchevski, con lo que, a la postre no fueron tomadas ni Varsovia ni Lvov.

No obstante este fracaso, la carrera política de Stalin no se vio truncada. Después de una corta estancia en el frente de Crimea, donde finalmente Wrangel fue vencido, llegó a Moscú. Para Stalin habían terminado las operaciones militares.

A finales de 1920 acabó la guerra civil, pero la verdadera paz no se produjo hasta 1921. Sin embargo, la situación para los bolcheviques aún era incierta. Si hasta el momento habían sido aceptados era porque representaban la única defensa contra las instituciones anteriores. Pero una vez terminada la guerra fratricida, los campesinos y los trabajadores empezaron a demostrar su descontento contra el orden soviético establecido.

Cuando se inició el X Congreso del Partido, se dijo en *Pravda*:

> *Las privaciones sufridas por los trabajadores son tan grandes que su debilidad se ha convertido en el principal problema a resolver.*

CAPÍTULO XII
LA POSGUERRA

En 1921, el Gobierno comunista, debía estar en todas partes a la vez. Rusia producía una locomotora cada cinco días; por otro lado, durante la guerra, la única fuente de energía de la que había dispuesto para la industria había sido la madera. Ahora, la producción de hierro fundido representaba el dos por ciento de la que se producía antes de la guerra. El comercio, por su parte, había desaparecido casi por completo, habiendo sido reemplazado por el trueque o la requisa.

Durante la celebración del X Congreso del Partido, los marineros del *Cronstadt* se alzaron contra la dictadura, pero fueron vencidos y asesinados todos el día 18 de marzo.

Los nuevos gobernantes se daban perfecta cuenta de que necesitaban paliar la severa disciplina que ejercían sobre el país. Lenin propuso adoptar una nueva política económica: la NEP. Esta nueva política servía de piedra de toque a la unión entre la ciudad y el campo. La NEP significaba, según Lenin, que estaban edificando la economía con el campesinado, al que debían ayudar. Por otro lado, la segunda faceta de la NEP era la competición entre las empresas estatales y las particulares. Lenin reconocía que el capitalista de antes de la revolución abastecía al país, aunque, también según sus propias palabras «lo hacía mal, lo hacía con extorsión, atropellando y robando». Ahora, el Gobierno soviético debía demostrar que sabía abastecer el país.

Stalin aprobaba estas palabras de Lenin y poco después dijo de la NEP:

> *Es una política particular del Estado proletario, fundada en la admisión del capitalismo, aunque los altos mandos se encuentran en manos del estado socialista, basada en el crecimiento de los elementos socialistas en perjuicio de los capitalistas, basada también en la destrucción de las clases sociales y en la edificación de las bases de la economía socialista...*

El X Congreso permitió que Stalin escalara un poco más hacia la cima del poder. Se vio la necesidad de que se formara una nueva clase, pues se debía reemplazar poco a poco a los tribunos, a los agitadores y a los revolucionarios por inspectores, administrativos y funcionarios de todo tipo. De esta manera iba a formarse una nueva clase, compuesta por antiguos militares, antiguos funcionarios zaristas e incluso enemigos de la revolución.

Para dirigir todo este nuevo aparato se necesitaban dirigentes astutos y sin demasiados escrúpulos. Para poner en marcha este sistema se precisaron varios meses de complots, de campañas de difamación e incluso de degradaciones. Stalin era la persona idónea para este trabajo. Tenía de su parte a todas las personas a las que Trotsky había ofendido de una forma u otra; y, por otro lado, aconsejaba, aunque sin dejarse notar, a algunos de los miembros que formaban la secretaría del partido, ya que quien llegaba a dominar ésta controlaba toda la organización.

En el congreso de 1921 fueron destituidos los tres secretarios que habían apoyado a Trotsky. No fueron ni tan siquiera elegidos para el Comité Central. Molotov, el hombre de confianza de Stalin, fue designado secretario responsable, y con él Jaroslavski y Mikhailov, dos amigos de Stalin. Finalmente, Molotov, Mikhailov, Kuibychev, Ordjonikidze, Kirov y

Stalin, cuando desde el Cáucaso dirigía los envíos de grano a Moscú.

Petrovsky, todos «estalinistas», entraron a formar parte del nuevo Comité Central.

Durante el desarrollo de aquel congreso, Stalin se mostró sumamente discreto. Unicamente presentó un informe sobre las nacionalidades. La mayoría de los congresistas no llegaron a imaginar que pudiera llegar a tener ningún papel fundamental, pues, a pesar de que formaba parte de numerosas comisiones, hasta entonces no se le había confiado ninguna misión importante.

No obstante, fue a partir del siguiente congreso, el de marzo-abril de 1922, cuando Stalin empezó a tener relevancia. En ese XI Congreso, Stalin, a pesar de ser jefe de dos comisariados, fue designado para el puesto, recientemente creado, de secretario general del Comité Central.

En ese congreso, Preobrazhensky propuso instaurar, de la misma forma que existía el Politburó y el Orgburó, un Economburó. A Lenin, en principio, le pareció una buena idea. Por una parte, el Politburó, luego el Economburó y el Orgburó. Después, no obstante, rechazó la sugerencia argumentando que no se podía separar mecánicamente lo político de lo referente a la organización, pues, además, según él, la política era economía concentrada.

Por consiguiente, el Politburó centralizó en sí toda la responsabilidad política, económica y organizativa, y dictó *ukases* y decretos a unos burócratas gubernamentales obedientes. En realidad, tal como Lenin había dicho, «los comunistas, y él como jefe, combatían a la burocracia y la alimentaban ante sus mismas narices». Lenin propugnaba la separación del partido y el Estado, pero en realidad colocaba todo el poder en manos del Politburó del partido, y un día, Stalin llegaría a convertir en muñecos mecánicos a sus colegas del Politburó.

Stalin se puso a la tarea. En el congreso no habló en ninguna ocasión. Pero en su último día, los congresistas habían elegido un nuevo Comité Central, de veintisiete miembros, que se reunió el 3 de abril y eligió su Politburó, ampliándolo de cinco personas a siete: Lenin, Rykov, Kamenin, Trotsky, Stalin, Tomsky, Zinoviev, con Bukharin, Kalinin y Molotov como miembros suplentes. En la misma sesión, el Comité Central, en presencia de Lenin, había escogido también su secretariado: Kuibishev y Molotov, con Stalin en el cargo de secretario general. Lenin, a pesar de que ya estaba en conflicto con Stalin, le había dado su apoyo.

El Secretariado General

El Secretariado General del partido era, como hemos dicho, un cargo nuevo. Lenin lo veía como algo temporal, al menos mientras durase su enfermedad.

Lenin, en 1922, era ya un hombre físicamente disminuido. La parálisis que le afectaba iba avanzando inexorablemente. Hasta 1919 no había habido secretario del partido.

El VIII Congreso, de marzo de 1919, había elegido secretario a Kretinski, partidario de Trotsky.

En el IX Congreso se había elegido un secretariado de tres miembros: Kretinsky, Preobrazhensky y Serebryakov, todos ellos trotskistas. Pero el X Congreso los había destituido y había elegido a tres amigos de Stalin. Ahora, en 1922, en el mes de abril, Stalin, miembro del Politburó, jefe destacado, estuvo de acuerdo en ser secretario general, y el 25 de abril se retiró de sus dos puestos en el Gobierno como comisario de nacionalidades y comisario del Rabkrin.

Stalin comprendía que el partido era la central neurológica de la Unión Soviética. Lenin lo había dominado, mientras había gozado de buena salud y, en consecuencia, el secretario representaba un papel subordinado. Pero Stalin había calculado de forma astuta que, estando Lenin enfermo, el cargo de secretario general podía hacerle dueño del partido, e incluso dictador de Rusia en el caso de que Lenin falleciera.

En realidad, esto fue lo que ocurrió, y la trama urdida se convirtió en Historia. Stalin acabó llegando a la cumbre comunista; la ocupó, con exclusión de toda otra persona, durante un cuarto de siglo, y asesinó a millones de seres. La nación pudo descubrir que, tal como Lenin había dicho, Stalin no era hombre de «pequeñas intrigas».

CAPÍTULO XIII
HACIA EL FINAL DE LENIN

Durante el congreso en el que Stalin fue nombrado secretario general, el profesor Félix Klemperer, distinguido médico alemán, fue llevado en avión desde Berlín a Moscú para examinar a Lenin. También, con la misma misión, llegó desde Breslau —Alemania—, el doctor Otfried Foerster, eminente neurólogo.

Es bastante probable, como ya hemos apuntado en el capítulo anterior, que el estado de Lenin influyera notablemente en la decisión final de Stalin de abandonar sus dos puestos en el Gobierno soviético y hacerse cargo de la Secretaría General.

El profesor Félix Klemperer, a su regreso a Berlín, concedió, el 5 de abril, una entrevista que se publicó al día siguiente en el *New York Times*. De esta entrevista se envió por cable un extracto a Moscú y fue presentado a Lenin. El extracto decía lo siguiente:

> Lenin es un hombre de constitución física robusta y de gran energía laboral. Durante mucho tiempo ha trabajado intensamente de catorce a dieciséis horas diarias. Últimamente, la capacidad de trabajo ha disminuido, y él y sus amigos decidieron cerciorarse de qué le sucedía exactamente.
> Llegamos casi simultáneamente y fuimos muy bien recibidos. La primera información la obtuvimos del comisario de Sanidad del Pueblo, el doctor Semanshko,

quien nos designó dos ayudantes: el doctor Rozanov y la doctora Maretzka. Examinamos a Lenin y encontramos solamente una neurastenia moderada, fruto del exceso de trabajo. No había dolencias más graves, tales como una afección del sistema nervioso o de los órganos internos. Aparte de unas cuantas prescripciones generales relativas a ejercicio y dieta, no fue necesaria ninguna prescripción médica. Recomendamos a Lenin que se cuidase una temporada y se tomara unas vacaciones.

Aquellas vacaciones fueron el tema de una conversación, el día 6 de abril, entre Lenin y Orjonekidze, el comunista más preeminente del Cáucaso y amigo íntimo de Stalin. Orjonekidze le sugirió pasar una temporada en el Cáucaso. Al mismo tiempo, apareció en escena Kamo, quién pidió a Lenin que le llevara consigo. Kamo era un armenio, cuyo verdadero nombre era Semyon A. Ter Petrosian, que había sido compañero de Stalin durante la juventud de ambos en su ciudad natal de Gori, en Georgia. Antes de la revolución, Stalin había utilizado a Kamo para robar Bancos en beneficio de la tesorería del partido. Había sido Kamo quien, el 25 de junio de 1907 llevó a cabo en Tiflis el famoso atraco a los dos mensajeros del Banco del Estado, y se había apoderado de trescientos cuarenta mil rublos de oro, una suma realmente enorme.

Kamo sólo había podido enterarse del proyectado viaje de Lenin al Cáucaso por Stalin o por Orjonekidze. Lenin, sin sospechar nada, había escrito a Orjonekidze el 9 de abril diciéndole que no tenía nada que objetar a la compañía de Kamo, pero deseaba saber la altitud sobre el nivel del mar en que se hallaba la casa indicada, porque Nadezhda Konstantinova —su esposa, la Krupskaya—, estaba enferma del corazón y no podía resistir grandes alturas.

La idea de Stalin de trasladar a Lenin al Cáucaso, donde quedaría sin comunicación con el Kremlin, excepto por algún telegrama recibido de tarde en tarde, continuaba en pie el 17 de abril, fecha en que Lenin inquirió de nuevo a Orjonekidze sobre altitudes, alojamientos, calefacción, y otras características por el estilo.

El comisario de Sanidad, doctor Semashko, contactó por teléfono con el doctor Rozanov la noche del 20 de abril, pidiéndole que fuera a visitar a Lenin al día siguiente. El profesor Borchardt llegaba de Berlín para una consulta, porque habían decidido extraer las balas que en 1918 había disparado contra el cuerpo de Lenin Fanny Kaplan. Semashko informó a Rozanov de que el profesor Klemperer había indicado que los dolores de cabeza de Lenin se debían a un envenenamiento producido por el plomo de las balas. No obstante, tanto a un médico como al otro, esta idea les parecía bastante absurda.

Por la mañana, Rozanov recogió al profesor Borchardt en el hotel y se fueron juntos, en coche, al Kremlin. En la oficina de Lenin, y por indicación de éste, prescindieron de la intérprete y fueron hasta el apartamento del jefe bolchevique. Lenin, una vez allí, les habló de sus dolores de cabeza y del diagnóstico de Klemperer. Cuando Lenin expuso que aquél aconsejaba extraer las balas, Borchardt se mostró contrariado, pero moderó su disconformidad para no desautorizar a su colega. Por otro lado, Rozanov explicó que las balas no podían causar los dolores de cabeza porque el organismo había formado a su alrededor una bolsa fibrosa a través de la cual no podía penetrar nada. La bala del cuello, debajo de la articulación esterno-clavicular derecha, se tocaba sin dificultad, y no se opuso a que la extrajeran. Pero protestó enérgicamente contra todo intento de sacar la otra de su profundo lecho en el hombro izquierdo, ya que no se podía llegar a ella sin una extensa y dolorosa disección. El doctor Rozanov, por su parte, opinaba que ninguna de ellas podía causar la menor molestia a Lenin, por lo que no era necesario operar.

Lenin, finalmente, decidió operarse para que le fuera extraída la bala del cuello. Y se acordó que la operación se realizaría al mediodía del 23 de abril. La intervención salió bien. Lenin no parecía nervioso y sólo juntó las cejas cuando tuvo lugar la extracción. Se le aplicó anestesia local con novocaína. El doctor Rozanov había anunciado que Lenin abandonaría el hospital a los treinta minutos, pero el profesor Borchardt insistió en que se quedase en el hospital veinticuatro horas. Esto suscitó la siguiente cuestión: ¿dónde acomodar a Lenin? Todas las salas estaban repletas, y por cuestiones de seguridad se decidió desalojar una sección del departamento de mujeres. Lenin, por su parte, se opuso a quedarse en el hospital; pero se sometió cuando le dijeron que había de permanecer en observación.

La herida sanaba con rapidez. En la última cura, Rozanov preguntó a Lenin cómo se encontraba, y la respuesta que recibió fue que no estaba muy mal pero que seguía teniendo, a ratos, dolores de cabeza. Rozanov aconsejó unas vacaciones.

Lenin marchó a Gorky de vacaciones. Allí se encontró con dos derrotas. La Conferencia de Génova, le escribió a Stalin, era algo como un auténtico paso hacia una tregua entre el mundo capitalista y Rusia; consiguientemente, había que reducir en una cuarta parte los efectivos del Ejército Rojo. La proposición de Lenin, dictada por teléfono a las dos y media de la tarde del 20 de mayo de aquel año de 1922, fue rechazada por el VTSIK cuatro días más tarde.

Observando desde Gori la sesión del VTSIK, que estuvo reunido desde el 12 al 26 de mayo, Lenin decidió escribir a Stalin proponiéndole que el sesenta por ciento de miembros del VTSIK fueran obreros y campesinos que no tuvieran ningún puesto en el Gobierno soviético. El Politburó debatió la cuestión el 26 de mayo y pasó el asunto a una comisión.

A las diez de la mañana del día 26 de mayo, el doctor Rozanov recibió una llamada telefónica de María, la hermana de Lenin. Lenin no estaba bien: tenía dolores de estómago y vómitos. Un automóvil fue en busca de Rozanov y le llevó al Kremlin, donde se encontró con el comisario Semashko, el doctor Levin, Dmitri, el hermano médico de Lenin y a otros. Todos partieron hacia Gorky.

Cuando llegaron a Gorky, un médico que estaba ya atendiendo al paciente, les informó de que los vómitos habían cesado, pero los dolores de cabeza no. No obstante, había síntomas de paresia o parálisis parcial de la pierna y el brazo derechos y una alteración del habla.

Las pruebas indagando si había sífilis fueron negativas. La voluntad y el organismo de Lenin luchaban, agarrándose a la vida. El paciente hacía ejercicios lo mejor que podía, descansaba, andaba, aunque con dificultad, y obedecía las órdenes recibidas de los médicos.

A primeros de junio, el profesor Klemperer recibió un nuevo aviso para ir a Rusia. Cuando regresó a Berlín a finales de junio, explicó a los periodistas que Lenin no era capaz de ocuparse de un trabajo cerebral durante mucho rato, y que tampoco podía leer mucho, pues rápidamente se le producían los dolores de cabeza. Añadió que la enfermedad de Lenin, en aquellos momentos, no tenía nada que ver con las antiguas heridas de bala, sino más bien con los últimos treinta años de trabajo, que le habían producido una sobrecarga tensional. Por otro lado, negó que Lenin padeciera de parálisis progresiva.

Sobre mediados de julio, Lenin volvía ya a escribir con una caligrafía legible. Stalin le visitó. El visitante dijo que Lenin le había dicho que no le permitían leer periódicos ni tampoco hablar de política, por lo que, cuando veía un trozo de papel sobre la mesa, daba un rodeo para evitar que en caso de ser un periódico faltara a la disciplina impuesta por sus médicos.

Stalin se había puesto a reír de la ocurrencia, mostrando sus dientes cortos y ennegrecidos. En *Pravda* se publicó concretamente:

> *Elogio hasta las nubes la disciplina del camarada Lenin. Al mismo tiempo, los dos nos burlamos de los médicos, que no saben comprender que los políticos prosefionales, recibidos en audiencia, tienen que hablar, forzosamente, de política.*

Según dijo Stalin en el mismo número de *Pravda*, Lenin estaba hambriento de noticias y de trabajo. Había preguntado acerca de las conferencias de Génova y sobre la inflación y la industria. Se había animado mucho al enterarse de que la perspectiva de las cosechas era buena.

Stalin volvió a visitar a Lenin el 15 de septiembre. En este ínterin, los periódicos de Rusia habían anunciado una clara mejoría en la salud de Lenin. Stalin escribió en el suplemento especial de *Pravda* acerca de aquella entrevista:

> *Esta vez, Lenin estaba rodeado de un montón de libros y periódicos, pues le han permitido que lea y hable de política todo lo que desee. No se le notan rastros de fatiga ni exceso de trabajo. Su calma interior y su confianza han retornado por completo. Nuestro antiguo Lenin, enfocando la mirada astutamente sobre su visitante, levantando los ojos...*

Además, Stalin enumeraba los numerosos aspectos de la política exterior soviética y las cuestiones interiores a los que habían pasado revista. Para Lenin, según Stalin, los peores días habían quedado atrás.

Lo más sobresaliente de aquel suplemento eran, por otro lado, los grabados, seleccionados para las masas. La cubierta ostentaba una sola fotografía: Lenin, con una chaqueta semimilitar y gorro plano, y la Krupskaya, con un vestido blanco. La cara y el cráneo de Lenin parecían haberse encogido; intentaba sonreír. A la Krupskaya se la veía pesarosa. No obstante, el suplemento gráfico hacía algo más que mostrar a Lenin vivo y en buen estado de salud. Proclamaba su regreso al trabajo.

Lenin preparaba su regreso a Moscú para aquel mismo mes de septiembre de 1922.

Una brecha se abrió entre Lenin y Stalin. Posiblemente, la controversia cobró mayor acritud cuando Lenin se dio cuenta de que Stalin quería hacerse con demasiado poder.

El problema había estallado cuando desde Moscú se decidió reorganizar el Estado soviético. Lenin, todavía en Gorky, movilizó a sus partidarios contra Stalin y regresó prontamente a Moscú.

En diciembre de 1922, la salud de Lenin empeoró nuevamente. Desde su retorno el 2 de octubre de la convalecencia en Gori, sus viejos hábitos de conducir varios equipos a la vez y al mismo tiempo incitar a otros, se habían reanudado. Ello era consecuencia del nerviosismo, pero esto le causaba a la vez más nerviosismo. Desde aquel día 2 de octubre, hasta el 16 de diciembre, Lenin había escrito doscientas veinticuatro cartas y memorándums, mantuvo ciento veinticinco entrevistas con ciento setenta y una personas y presidió treinta y dos sesiones del Politburó, el Sovnarkom, el STO y varias comisiones. No obstante, sobre el 7 de diciembre, Lenin decidió regresar a Gorky, proponiéndose trabajar allí. Pero el 12 de diciembre volvió de nuevo al Kremlin, pues deseaba hablar con sus lugartenientes.

Al día siguiente sufrió dos trombosis cerebrales.

El día 12 de diciembre de 1922 fue el último día que trabajó en su oficina. Lenin accedió a la petición de su médico de retirarse de la dirección activa de los asuntos del Estado y marchó a Gorky para un descanso prolongado. Con todo, no soltó aún el timón. Todavía pensaba moldear las decisiones sobre problemas importantes, como, por ejemplo, el papel de las nacionalidades en la proyectada Unión Soviética.

Stalin poseía la astucia necesaria para dirigir el nuevo aparato dirigente.

CAPÍTULO XIV
EL TESTAMENTO POLÍTICO DE LENIN

El día 16 de diciembre, Lenin se preparó para trasladarse a Gorky. Dio instrucciones acerca de lo que había que hacer con sus libros y escribió una carta a los miembros del Comité Central.

Los médicos insistían en que Lenin se fuese a Gorky. Pero la nieve bloqueaba los caminos y ningún automóvil podía hacer el viaje. La familia se pronunció en contra del empleo de un trineo porque aquello entrañaba peligro y fatiga.

Stalin vigilaba, receloso. Habría podido sacar la conclusión, y con motivo, de que Lenin y Trotsky estaban formando un frente unido para someterle, o quizá más, para echarle. Por Djerzhinsky sabía de cómo Lenin había reaccionado ante su proyecto de «autonomización»; estaba, además, la carta del 16 de diciembre al Comité Central: «He completado ahora el acuerdo con Trotsky sobre mis puntos de vista en lo referente al monopolio del comercio exterior...» en contra de la opinión del propio Stalin. Efectivamente, el pleno había derrotado a Stalin y había aceptado la propuesta de Lenin, tal y como la había presentado y defendido Trotsky.

Lenin había experimentado una sensación de triunfo. El 21 de diciembre dictó una carta para Trotsky, que la Krupskaya escribió de su puño y letra. Esta carta, no se sabe cómo, fue filtrada a Stalin. Se puede llegar a esta conclusión ya que, al día siguiente, 22 de diciembre, Stalin contraatacó, increpando a la Krupskaya. Telefoneó para interesarse por la salud de Lenin, pero aprovechó la ocasión para reprenderla por molestar a su marido proporcionándole informaciones acerca de los asuntos que debían solucionarse en el partido; la llenó de maldiciones y la amenazó, incluso, con llevarla a juicio ante la Comisión Central de Control, que era el organismo disciplinario del partido.

En realidad, no se sabe si la Krupskaya le comunicó a su marido la reprimenda telefónica de Stalin.

Aquella misma noche, el brazo y la pierna derechos de Lenin quedaron paralizados. Los médicos llegaron poco después del amanecer. Lenin, en aquella ocasión, les pidió permiso para dictar todos los días por espacio de cuatro minutos, lo que le fue concedido.

A partir del 23 de diciembre, Lenin empezó a dictar su famosa última voluntad y testamento.

La impresión general que se desprende del testamento es la petición para que quitaran a Stalin del puesto de secretario general del partido, porque había acumulado demasiado poder. En realidad, era esto y mucho más. No obstante, la cuestión es que, ya que Lenin escribió en su testamento, el 4 de enero, que los camaradas debían sacar a Stalin del puesto de secretario general del partido comunista, ¿cómo es que no lo sacó él mismo? Aún poseía la influencia política y el empuje intelectual para poder hacerlo. ¿Creía Lenin que se restablecería lo suficiente como para asistir al siguiente congreso del partido en marzo o abril de 1923 y ponerse al frente de los camaradas al echar a Stalin? Realmente, el hecho de redactar un testamento no significa forzosamente que uno esté convencido de que le queda poco tiempo de vida. ¿O quizá Lenin subestimaba las dotes de Stalin para grandes intrigas, a la vez que sobrestimaba la democracia reinante en el partido que había creado? Sin Lenin, el partido se hallaba impotente, dentro del puño de acero de Stalin.

CAPÍTULO XV
EL FINAL DE LENIN

Ya en marzo de 1923, después de haber concluido su testamento político, Lenin sufrió, el día 9, un tercer ataque, que equivalía a una sentencia definitiva.

El cerebro del político había dejado de existir.

Este tercer ataque alarmó a los pocos que supieron de él. El doctor Rozanov fue a visitar a su paciente el día 11, y notó que tenía fiebre alta, parálisis del brazo y la pierna derechos, afasia y oscurecimiento de la conciencia.

Una edición especial de *Pravda* informó al pueblo el 12 de marzo de la grave enfermedad de Lenin. El Gobierno empezó a publicar boletines diarios. Llegaron especialistas del extranjero. El boletín oficial del 22 de marzo anunciaba que la enfermedad de Lenin pertenecía a una categoría en la que era posible recobrar por completo la salud.

El 12 de mayo, Lenin fue trasladado a una casa de reposo en Gorky.

Allí mejoró un tanto. Pero ya nada podía detener el proceso inexorable que estaba teniendo lugar en su cerebro. A su muerte, cuando se le practicó la autopsia, se vio que estaba afectado de una esclerosis gravísima.

Lenin sobrevivió hasta enero de 1924. A las seis de la tarde del día 21 de enero su temperatura subió alarmantemente, y el enfermo sufrió un tempestuoso ataque que coincidió con agudos espasmos musculares por todo el cuerpo, y perdió el conocimiento. Ya no volvió a recuperarlo. Dejó de existir a las seis y media.

El cadáver de Lenin fue llevado a Moscú el día 23 y estuvo expuesto en la Sala de las Columnas durante cuatro días. Moscú estaba de luto. Muchos millones de personas en otras partes también estaban de luto. Mientras, detrás de una valla de la Plaza Roja, cerca de la muralla del Kremlin, construían un mausoleo provisional de madera. Dentro de él colocaron a Lenin el día 27. No obstante, más tarde lo llevaron a un laboratorio donde lo momificaron, y de esta forma pudieron estudiar su cerebro para ver las causas reales de su muerte.

El 26 de enero, el Congreso de los Soviets impuso a Petrogrado el nombre de Leningrado.

CAPÍTULO XVI
LUCHAS INTERNAS EN EL PARTIDO

Después de la muerte de Lenin, Stalin se enfrentaba a un conflicto que tenía que intentar superar: el testamento de Lenin sería leído en el XIII Congreso del Partido. El secretario general conocía perfectamente las ideas del desaparecido acerca de su persona. De acuerdo con Zinoviev y Kamenev, sus adjuntos, preferiría que el testamento permaneciera secreto para siempre.

En realidad, esto era imposible. Pero nada más iniciarse la primera sesión del congreso, Zinoviev tomó la palabra en primer lugar para indicar que nadie ponía en duda que la última voluntad de Lenin tendría la fuerza de una ley sobre los asistentes, pero elogiando de tal manera a Stalin que se esperaba que Trotsky se levantara y protestara. No obstante, no dijo una sola palabra.

Zinoviev propuso que se votara levantando la mano. Una mayoría se manifestó a favor de la continuación de Stalin en la Secretaría General. A continuación, en contra de la voluntad de la Krupskaya, se decidió que el testamento no sería objeto de discusión alguna ante el partido y que únicamente los delegados podrían examinarlo. Stalin cogió rápidamente el documento y lo encerró en la caja fuerte de su despacho del Kremlin.

En aquel momento, graves problemas económicos preocupaban a los dirigentes soviéticos. La situación agrícola no era nada halagüeña, y aquel mismo año estalló una insurrección en Georgia, bajo la dirección de un comité menchevique-nacionalista.

En las ciudades, la situación era bastante parecida al campo. La producción industrial no había recobrado el nivel anterior a la guerra civil, y el poder de compra estaba lejos de satisfacer a los trabajadores. Los salarios crecían más deprisa que la producción, por lo que era preciso incrementar ésta.

No obstante, la situación del campo era la que preocupaba más al Comité Central. Se veía completamente necesario separar a los *kulaks* —campesinos ricos— de los campesinos pobres. Entonces, se decidió asociar a éstos más ampliamente a la administración del Estado.

Así, a partir de otoño de 1924, más de diez mil comunistas se desparramaron por las regiones agrícolas para enseñar a los peor favorecidos las vías de la cooperación.

En aquel año de 1924, Stalin tenía cuarenta y cinco años de edad, y vivía rodeado de cierto misterio que reforzaba todavía más su actitud en las reuniones públicas. Sólo de forma aparente, Stalin carecía de personalidad. Pasaba horas enteras escuchando conversaciones sin entrar en la discusión y sólo rompiendo su silencio para formular una pregunta relacionada con el asunto. No daba su opinión, esperando su momento oportuno.

Para los amigos de Stalin, Trotsky era el verdadero enemigo. En aquel momento era comisario de la Guerra, y tenía demasiada popularidad para que Stalin le atacara directamente. Dejó a sus dos amigos, Zinoviev y Kamenev que se ocuparan de la cuestión.

Trotsky hubiera podido distinguir al partido y a los hombres que lo regían. Pero no quiso correr el peligro de entablar una lucha abierta con los hombres que apoyaban a Stalin, pues podría debilitar al partido o lo que era casi peor, perjudicar la causa a la que él había dedicado toda su vida. No estaba en absoluto dispuesto a ello. Por lo tanto, prefirió verse poco a poco retirado de sus funciones sin luchar más que por medio de sus escritos hasta que, diecisiete años después, Stalin decidió prescindir completamente de la figura de Trotsky.

Pero ese momento todavía no había llegado cuando, a principios de 1925, los dos amigos de Stalin, Zinoviev y Kamenev reclamaron la cabeza de Leon Trotsky. Pero Stalin todavía no estaba muy a favor de las medidas represivas y sentía que se debía acabar con el trotskismo sin eliminar a Trotsky.

En primer lugar, hizo que éste dejara su puesto de comisario de la Guerra.

Cuando Zinoviev y Kamenev, completamente dedicados en su lucha contra Trotsky, se dieron cuenta de que habían dejado demasiado campo libre a Stalin, ya era demasiado tarde. El secretario general del partido tomaba ya demasiadas decisiones sin consultarles.

Luego de haber enfrentado a Zinoviev y a Kamenev contra Trotsky, Stalin enfrentó a Bujarin, Rykov y Tomsky contra sus antiguos aliados. Tomsky dirigía los sindicatos, mientras que Rykov era presidente del Consejo de los Comisarios del Pueblo. Tanto el uno como el otro eran administradores. Zinoviev, jefe absoluto en Leningrado, y Kamenev, administrador del partido en Moscú, intentaron entonces hacer un frente común con Trotsky. Pero no pudieron lograr nada. Cuando se reunió el XIV Congreso del Partido, a finales de 1926, Stalin estaba ya muy afianzado en el partido con más de setecientos mil hombres a su favor, y los principales engranajes estaban dirigidos por partidarios suyos. Contaba con el apoyo del Ejército Rojo, gracias al nombramiento de Vorochilov como nuevo comisario de Guerra. Y podía contar con los hombres de la policía secreta.

Vamos a dar en este y en el próximo capítulo una sintetizada biografía de algunos de los personajes del drama.

Grigori Zinoviev. Nacido en Elisavetgrad (actual Kirovograd) en 1883 en el seno de una familia burguesa y judía, en 1901 se adhirió al Partido Obrero Socialdemócrata Ruso formado por Plejánov, y al año siguiente para evitar ser arrestado emigró. Al escindirse el partido en 1903 en mencheviques y bolcheviques, los primeros más moderados, los segundos más radicales, se unió a los bolcheviques. Participó en la revolución de 1905 y se transformó en uno de los principales dirigentes de San Petersburgo. Arrestado en 1908 y liberado poco después, regresó (como siempre) a Suiza y participó en la dirección de diversos periódicos bolcheviques. Al declararse la guerra de 1914 se hallaba con Lenin en Galitzia, y los dos pasaron a Suiza y representaron al partido en varias conferencias. Regresó a Rusia en 1917 y aceptó las «Tesis de abril» de Lenin, pero con Kamenev se puso en contra del proyecto de insurrección armada, aunque tomó parte en ella. Fue elegido presidente del soviet de Petrogrado. Fue presidente del comité ejecutivo de la Internacional Comunista (1919-26). En 1924, con Kamenev y Stalin, constituyó la «troika» contra Trotsky, para colocarse después en la oposición contra Stalin. Excluido del buró político y expulsado del partido junto con Trotsky (1927) fue readmitido, pero en 1934 fue condenado por implicación en el asesinato de Kirov a diez años de cárcel y finalmente junto con Kamenev condenado a muerte en el primer proceso de Moscú. En 1988 su memoria fue rehabilitada.

Lev Borisovich Rosenfeld, más conocido como Kamenev, nació en Moscú en 1833. También de familia judía, Kamenev militó asimismo en el Partido Socialdemócrata desde 1901. Encarcelado varias veces en Ginebra entró en contacto con Lenin y con Zinoviev. Vuelto a Rusia en 1913 dirigió *Pravda* y el grupo de diputados bolcheviques de la Duma. Deportado a Siberia en 1914, fue liberado al estallar la revolución de 1917.

En Gorki, junto a Lenin, cuando éste empezó a sentirse enfermo a finales de 1922.

Dirigió con Stalin la organización del partido hasta la llegada de Lenin, con quien se enfrentaría enseguida, presentando su dimisión como miembro del Comité Central del partido bolchevique.

Tras la Revolución de Octubre, ocupó cargos de responsabilidad en el Estado y en el partido. Formó junto con Stalin y Zinoviev la troika, que se hizo cargo del poder durante la enfermedad de Lenin. Más tarde se uniría a Trotsky y Zinoviev frente a Stalin. En 1932 fue expulsado del partido y en 1938 condenado a muerte como Zinoviev.

Kliment Efrémovich Vorochilov. Nació en Ucrania en 1881. Obrero metalúrgico, ingresó en el partido bolchevique en 1903 y en 1917 presidió el comité de defensa de Petrogrado. En 1918 dirigió con Stalin la defensa de Tsaritsin. A la cabeza de la guardia roja luchó contra Denikin y tomó parte en la guerra polaco-soviética. Comisario de pueblo del Ejército y de la Marina (1925-1940) fue mariscal (1935) y comandante del frente norte contra los alemanes (1941); dirigió la defensa de Leningrado. Vicepresidente del Consejo de Ministros de la URSS (1947-53), a la muerte de Stalin fue presidente del Presidium del Soviet Supremo (1953-1960), hasta ser reemplazado por Breznev. Expulsado del Comité Central (1961) por haber participado en las actividades del «grupo antipartido», perteneció al PCUS (Partido Comunista de la Unión Soviética) hasta su muerte en Moscú en 1969.

CAPÍTULO XVII
EL XIV CONGRESO DEL PARTIDO

En el inicio del XIV Congreso, los dos hombres que luchaban en contra de Stalin, Zinoviev y Kamenev, tenían ya el combate perdido. Stalin arremetió contra ellos luchando con las mismas armas que tiempo atrás había utilizado Trotsky.

Se estableció una lucha desigual: unos, los partidarios de Zinoviev y Kamenev, pidieron la dimisión de Stalin. Otros, los más, acallaron las voces de los primeros, pues eran partidarios del secretario general.

En esa época, aún hubiera podido hacer algo para cambiar las cosas, pero no tomó partido.

Pravda, en un artículo donde hablaba del congreso, no mencionó nada de las intervenciones de los rechazados; únicamente elogiaba las intervenciones de Stalin y de sus partidarios. Ya no había prácticamente oposición, pues había sido acallada. Para terminar con la influencia de Zinoviev, Stalin, terminado el congreso, lo expulsó de Leningrado y lo reemplazó por Sergei Kirov. También relegó a Kamenev al nivel de adjunto del Politburó. E hizo que entraran en éste otros nuevos miembros allegados a él. Trotsky y Zinoviev permanecieron como miembros con plenos derechos, pero no eran ya más que puros objetos de decoración. De esta forma, Stalin se aseguraba la complicidad de una amplia mayoría en el Politburó.

Cambios en la agricultura

No obstante, esa lucha por el poder no debía hacer olvidar las crecientes dificultades económicas con que se enfrentaba el Gobierno soviético en aquella época.

Transcurridos casi diez años de la revolución, los campesinos soviéticos no vivían en mejores condiciones que durante la época de los zares. Tampoco los obreros habían mejorado su situación. Los salarios eran muy bajos, el hambre no conocía fronteras y faltaban artículos que eran de primera necesidad.

En 1927, en diciembre, en el XV Congreso, Stalin expuso la necesidad de pasar de las pequeñas explotaciones agrícolas a las grandes explotaciones centralizadas.

Sería la instauración de los *sovjos*, que son explotaciones del Estado, y de los *koljos*, explotaciones agrícolas colectivas. Sin embargo, para proporcionar la maquinaria necesaria había que activar, al mismo tiempo, la industrialización del país.

La industria

Para industrializar el país, Stalin empleó mano dura. Movilizó a un ejército de varios millones de hombres, que se pusieron a las órdenes de los ingenieros y los técnicos. Esos hombres construirían las fábricas, los puentes, las carreteras y las presas. Los *kulaks*, acusados por Stalin de pretender desorganizar la política económica soviética, fueron expulsados de sus tierras y casas y obligados a trabajos forzados de gran brutalidad. Los que se negaban a ello eran enviados a Siberia, donde acababan muriendo.

Sin embargo, el resultado de toda esta política de dureza fue que la industria soviética se desarrolló. A finales de 1928 todavía no llegaba a alcanzar la tercera parte de la de Francia, por ejemplo, pero había sobrepasado ya con creces la de la Rusia de los zares, incluso a pesar de la I Guerra Mundial y de la revolución, con todas las consecuencias que ello había ocasionado. Y lo más importante es que se logró sin ninguna ayuda exterior, ya que los bancos extranjeros les negaron créditos y los países capitalistas no realizaban con la Unión Soviética ningún intercambio desde que la gobernaba el nuevo régimen.

La industria había crecido, eso no cabía dudarlo, pero no todos los hombres del Politburó estaban de acuerdo con los métodos empleados.

Bujarin fue uno de los hombres que estaba en desacuerdo, y aunque en secreto, habló a Kamenev de las organizaciones y de los hombres de la oposición.

Kamenev, para intentar salvarse él, hizo llegar el informe a Stalin. Pero no tuvo suerte. Stalin estaba al corriente de sus conversaciones, aunque, en un principio, parecía que no hizo caso del informe. En realidad, estaba tan seguro de sus posibilidades que no les temía. En cambio, todavía no estaba satisfecho con haber relegado a Trotsky casi a la nada, pues éste había desempeñado un papel importantísimo durante la revolución. Para liberarse de una forma definitiva de este hombre, propuso al Politburó, el 18 de enero de 1929, su expulsión de Rusia. La única persona que se atrevió a protestar fue Bujarin. Pero como consecuencia, Rykom fue dimitido de sus funciones de primer ministro, puesto en el que había sucedido a Lenin. Trotsky, por su parte, fue desposeído de la dirección de la Internacional Comunista. El único que fue respetado, por el momento, fue Bujarin.

Stalin había eliminado a sus rivales casi totalmente. Por fin podía gobernar casi enteramente solo. Comenzaban, entonces, los veinticuatro años de dictadura estalinista.

Nikolai Ivánovich Bujarin. Nacido en Moscú en 1888. Militó desde muy joven en la socialdemocracia y en 1906 se unió a los bolcheviques. Deportado a Odesa, huyó a Alemania y luego se estableció en Nueva York. A su vuelta a Rusia en 1917, formó parte del Comité Central.

Destacado técnico y economista, fue uno de los dirigentes de los comunistas de izquierda, cuyo órgano periodístico *Kommunist*, dirigió. La guerra civil y la Nueva Política Económica (NEP) modificaron su postura y terminó acercándose al ala derecha del partido. Convencido de la lejanía de la revolución mundial, apoyó la tesis estaliniana de socialismo en un solo país. Entre 1919 y 1929 fue miembro del Politburó y director de *Pravda*.

Tras la eliminación de Trotsky, Kamenev y Zinoviev, sucedió al primero al frente del secretariado de la Internacional Comunista. Opuesto a la colectivización, se unió a Rikov y a Trotsky contra Stalin. Esta vez, sin embargo, perdió la partida y, aunque parcialmente rehabilitado en 1932, terminó siendo ejecutado en el curso de una de las purgas estalinistas.

Aléxei Ivánovich Rikov. Nacido en Sarátov en 1881. Afiliado a la socialdemocracia, tomó parte activa en los movimientos revolucionarios de comienzos de siglo. Fue detenido varias veces y tuvo que refugiarse en repetidas ocasiones en la Europa occidental. Entró en contacto con Lenin en Ginebra (1903), se alineó junto al ala bolchevique aunque en el sector derechista del mismo. Tras el triunfo revolucionario de 1917 se mostró partidario de un gobierno con participación de todas las tendencias socialistas. En 1924 sucedió a Lenin como presidente del Consejo de comisarios del pueblo. Contrario a la colectivización de la tierra, fue destituido en 1930; acusado de desviacionista fue juzgado en el tercero de los procesos de Moscú, condenado a muerte y ejecutado (1938). En 1988 fue rehabilitado.

Lev Davidovich Bronstein, «Trotsky». Había nacido en Ucrania en 1879. Hijo de campesinos judíos. Estudió Derecho en Odesa. Integrado en los círculos revolucionarios, impulsó en 1897 la Unión de Obreros del Sur de Rusia. Desterrado a Siberia tres años después, consiguió huir al extranjero al poco tiempo. En Londres colaboró con Lenin en la redacción de *Iskra* («La Chispa») en 1902. Vuelto a Rusia en 1905, tuvo un papel fundamental en la revolución como dirigente del soviet de San Petersburgo. Deportado nuevamente a Siberia, escapó durante el viaje.

En el Congreso de Londres (1907) se enfrentó a las tesis de Lenin y durante algún tiempo apareció aliado de los mencheviques y luego a los internacionalistas de Zimmervald. En marzo de 1917 regresó a Rusia y se incorporó al partido bolchevique. Tuvo una destacada actuación en la Revolución de Octubre y fue comisario de Asuntos Exteriores y de Guerra (1917-25), puesto este último desde el que organizó el Ejército Rojo y derrotó a las fuerzas contrarrevolucionarias.

Considerado sucesor de Lenin se dejó ganar la partida por Stalin. Acusado de oposición al régimen, fue expulsado del partido y confinado en Asia Central (1928). Abandonó la URSS en 1929 y terminó estableciéndose en México donde creó la IV Internacional y, tal como veremos, fue allí asesinado por un agente de Stalin.

CAPÍTULO XVIII
CAMBIOS EN RUSIA

Stalin empezó a gobernar como un verdadero dictador a partir de 1929. Hasta entonces había ido haciendo su juego, pero de forma un tanto escondida. En 1929 ya no tenía que temer a nada ni a nadie. Había anulado a buena parte de sus enemigos, sabiendo ganarse muchos partidarios.

Aquel fue el año de los cambios. A partir de entonces, a nivel económico, empezó a notarse un gran progreso en la Unión de Repúblicas Socialistas Soviéticas.

Stalin tenía claro por qué vías había de empezar la mejora económica: colectivización del agro e industrialización en masa. Expuso sus ideas a comienzos de año: abolición de la propiedad privada en el campo; por tanto, la clase campesina más favorecida, los *kulaks*, debía ser eliminada por completo. Estos campesinos ricos suponían el cinco por ciento de la población rural. Y de la misma forma que antes ya la había emprendido con ellos, las órdenes que dio fueron que, a poco que se resistieran, debían de ser exterminados o bien deportados para efectuar otros tipos de trabajos.

Lógicamente, los campesinos ricos no tomaron a bien las decisiones de Stalin, y en el campo se estableció una verdadera guerra civil. Los campesinos pobres, pensando que con las nuevas medidas iba a mejorar su situación en gran manera, apoyaron la colectivización de Stalin. No obstante, debido a la resistencia prolongada de los *kulaks*, la colectivización se retrasó durante varios años y gran cantidad de tierras permanecieron mucho tiempo sin explotar.

Además, había una ingente tarea por hacer: los arados de madera debían ser sustituidos por tractores; por lo tanto, había que enseñar a los campesinos a manejar esas maquinarias. Y no eran pocos los campesinos de Rusia, sino que se contaban por millones. Y sólo había instructores en las fábricas, por lo que se había de empezar de cero en todos los campos.

Stalin, para convencer a los habitantes de Rusia de la gran necesidad de lo que les proponía, les dirigía arengas en las que hablaba de socialismo, aunque también hablaba de nacionalismo, y de esta forma medio convencía a esos seres que sólo tenían su patria, pues Rusia había quedado completamente aislada del exterior.

El dictador estaba dispuesto a todo para lograr sus fines. Incluso al sacrificio de millones de seres humanos. Para alcanzar sus propósitos estableció, a principios de 1929, planes quinquenales. Poco a poco fue dándose cuenta de que aquellos planes eran completamente irrealizables, sobre todo en lo concerniente a la economía rural. No obstante, no frenó el crecimiento industrial y pretendió alcanzar sus fines por medio de un sistema de terror, empleando deportaciones masivas y, en fin, convirtiendo a los seres humanos en simples animales de carga, seres dóciles sin ideas propias que sólo debían tener en mente las palabras de la propaganda que se lanzaba según el criterio del dictador. Para su sistema de terror, Stalin contaba con la policía que él mismo había estructurado: la GPU, que vigilaba incesantemente y sin desfallecer. En aquella época denunciar a un «ciudadano innoble» se convirtió en cuestión de honor entre los habitantes del vasto territorio que comprendía Rusia. Fueron abiertos los campos de concentración y las prisiones se llenaron hasta no caber ni un alma.

Por otro lado, Stalin lanzó aquel año una nueva consigna: «En la Unión Soviética no debe haber más que una religión:

el Socialismo.» Acusó a los popes de haber incitado a los *kulaks* a rebelarse en contra de sus medidas, cerrando las iglesias y deportando a la mayoría de los sacerdotes.

En realidad, Stalin, a mediados de 1930, se daba cuenta de que los planes que había trazado no habían salido como él esperaba. La rebelión en el campo seguía, por lo que la colectivización se hacía a una gran lentitud, y la industria no daba los resultados apetecidos. La producción de hierro, por ejemplo, que él había previsto aumentaran en más de un cincuenta por ciento en relación al año anterior, no se incrementaron sino un diez por ciento más.

Sin embargo, nunca quiso reconocer su equivocación. La culpa de aquel fracaso la tenía el hecho de que, según él, el pensamiento socialista-leninista no había calado hondo en las almas de los ciudadanos del vasto Estado. Todavía dominaba el pensamiento capitalista. Para Stalin, era, pues, el momento de un nuevo barrido, de seguir cambiando la faz de Rusia. De borrar los antiguos pensamientos e implantar las nuevas bases leninista-stalinistas.

El XVI Congreso del Partido se desarrolló como un espectáculo muy bien estructurado y sin fallos. No se podía hablar ya de oposición. Los oradores habían aprendido muy bien la lección, y todo eran alabanzas para el sistema. En realidad, el miedo y la cobardía se habían adueñado de los hombres del partido, viendo cómo el dictador había barrido tranquilamente de la faz de la Tierra a todos aquellos que le habían llevado, de una forma u otra, la contraria.

De la polémica Stalin-Trotsky entresacamos dos fragmentos documentales.

Artículo de J. Stalin en el diario *Bolchevique*, 1924.

¿Comprende Trotsky el papel del partido y la importancia de su unidad para la realización del

proletariado? En esta cuestión, los actos del camarada Trotsky aportan la mejor respuesta. Año tras año, socava sistemáticamente el partido, debilitando esta columna vertebral de la dictadura del proletariado... Vestido con la toga de demócrata en el seno del partido, deshace el aparato, siguiendo las luchas de los mencheviques en sus luchas contra el centralismo y el monolitismo bolchevique. Con brillantes palabras que no dicen nada, lucha contra los discípulos de Lenin, a los cuales se enfrentó durante catorce años, antes de entrar en nuestro partido. Arrastrando a la juventud, busca desbancar a la vieja guardia... En fin, considera que es posible tolerar fracciones en el interior del partido y él mismo, con su conducta, favorece la formación de corrientes en el momento de la discusión.

Trotsky ataca fundamentos ideológicos e institucionales del partido. No permitiremos a las corrientes semimencheviques que destruyan la unidad de nuestro partido, fundado por Lenin bajo la base del leninismo.

Discurso de L. Trotsky en 1927.

La tarea inmediata que se ha propuesto Stalin es dividir el partido, suprimir la oposición, acostumbrar al partido al método de la destrucción física...

El estalinismo encuentra en este acto su expresión más desenfrenada. Vuelvo a repetir que estos métodos fascistas no son otra cosa que la ejecución inconsciente y ciega de los designios de otras clases sociales. El fin que persigue es suprimir la oposición y destruirla físicamente. Ya hay voces preparadas para gritar: «¡Expulsad a mil y fusilad a otros tantos!»

Stalin movió todos los resortes propagandísticos en torno a su persona, como lo muestra este fotomontaje.

Así nuestra plataforma conseguirá abrirse camino. Los trabajadores de todo el mundo se preguntarán: «¿Por qué razón en el décimo aniversario de la Revolución de Octubre, expulsan y encarcelan a los militantes de la Revolución?»

Como puede verse, Trotsky no las tenía todas consigo y se hallaba preparado para cualquier eventualidad sin sospechar que a la larga la venganza del zar rojo caería fulminante sobre su cabeza estuviera donde estuviera.

CAPÍTULO XIX
¿CÓMO ERA EN REALIDAD EL DICTADOR?

Stalin cumplió cincuenta años el 21 de diciembre de aquel año de terror, 1929. El mejor regalo de cumpleaños se lo hizo él mismo: el poder absoluto.

Aquel día, los periódicos celebraron el acontecimiento con grandes titulares. Stalin quería verse encumbrado como un dios, por lo que hizo fabricar un busto oficial que debía ser colocado en todas las células del partido, y un retrato inmenso del dictador adornaba las calles de Moscú.

Stalin había llegado justo a donde quería llegar: al poder absoluto. Ya no había más dios que él. Sin embargo, ese hombre vivía de forma sencilla.

Vivía en el Kremlin, pero no en una de las suntuosas habitaciones, sino en un departamento para criados, sin ninguna clase de lujo. Su despacho estaba amueblado de forma sencilla: una mesa, un armario y un pequeño sofá de color rojo.

Su carácter era extremadamente sobrio. Los que le trataban decían que cuando estaban frente a él llegaban a sentirse violentos en extremo. Excesivamente duro con los demás, también lo era consigo mismo. Estaba convencido de la certeza de sus teorías y no admitía las contradicciones ni las objeciones. Llevarle la contraria era ser traidor al partido y, en consecuencia, el castigo era de suponer.

No confiaba en nadie. En realidad, estaba solo en todo. Para él, sus ayudantes no eran más que simples marionetas a su servicio. Mientras le servían fielmente, podían estar tranquilos. Si se atrevían a alzar la voz contra él, más les valía no haber nacido. Ése era, a grandes rasgos, el perfil del dictador una vez alcanzado el poder.

Atisbos de prosperidad

A principios de 1930 las cosas empezaron a mejorar para Rusia. Los salarios todavía eran muy bajos y el hambre azotaba el campo y las ciudades. Pero a partir de ese año, paulatinamente, se irían viendo algunos logros. En poco menos de cuatro años la producción industrial se dobló y nacieron nuevas ciudades, creándose presas y canales. Ciertamente, el mundo entero empezó a asombrarse al ver el resurgir de aquel pueblo, aun a costa de tantas vidas humanas.

Pero la época del terror no había terminado todavía para los habitantes de la Unión Soviética.

Para asegurarse el éxito, en 1931 Stalin tomó nuevas medidas.

En primer lugar, instauró lo que se podría llamar una especie de pasaporte personal para el interior del país. Nadie podía ausentarse de su vivienda más de veinticuatro horas sin un visado especial de la GPU.

Por otro lado, un ciudadano que fuera declarado culpable de indisciplina podía ser castigado con diez años de prisión o más, e incluso con la muerte si se le consideraba reincidente.

Frente a esta situación, se produjo cierta oposición. Casi se podría decir que llegó a haber una verdadera rebelión política. Todos los enemigos de Stalin dejaron de lado sus divergencias y trataron de unirse para oponer un frente común. Incluso algunos stalinistas intentaron que el Comité Central iniciara una moción de censura contra Stalin para obligarle a dimitir. Stalin estaba al corriente de todo, por lo que algunos de aquellos hombres que pretendían frenar la dictadura fueron acusados de traidores y encarcelados.

Stalin sabía que a su alrededor se había creado un clima de descontento. Él era omnipotente, pero durante aquellos días se sumió en un estado de tipo depresivo. Trabajaba incesantemente, y su carácter se mostraba extremadamente irascible. Para acabar de empeorar la situación, su esposa falleció en aquella época.

El despertar de una esposa

Stalin había estado muy enamorado de su mujer y hasta hacía poco era un hombre muy feliz. Sin embargo, en los últimos tiempos habían surgido algunas divergencias en el seno de su matrimonio, y ambos cónyuges no se llevaban demasiado bien. Stalin, aunque enamorado de su esposa, nunca había dejado de lado a otras mujeres. Y esto, Nadejda no lo pudo tolerar, máxime cuando se daba cuenta de que el dictador cada vez sentía menos aprecio por su familia. Se cuenta incluso que Stalin había llevado a alguna mujer a su propio apartamento y había hecho presenciar a su esposa las escenas amorosas mantenidas con su querida.

Nadejda, que era veintiún años más joven que Stalin, decidió ponerse a trabajar, posiblemente para olvidar sus aflicciones. Stalin había accedido a ello aunque no le hizo ninguna gracia.

La mujer de Stalin era una persona sencilla, que se ganaba la confianza de sus compañeros en la Escuela Técnica, por lo que se enteró rápidamente de la forma que tenía de gobernar su esposo. Nadejda se aterrorizó, lógicamente, al enterarse de todas las purgas que se estaban realizando por orden de su marido, si bien, al principio, pensó que él no estaba enterado de todas aquellas atrocidades.

Ella había querido interesarse por todo aquello, y su marido había tomado medidas en contra de las personas que estudiaban con ella. Hizo arrestar a todos los que habían estudiado al lado de su mujer y le habían abierto los ojos.

El 8 de noviembre de 1932 se celebraba el decimoquinto aniversario de la revolución y Vorochilov ofreció una cena de gala. En aquella fiesta se hablaba de política y Nadejda no decía nada. Finalmente, no pudo aguantar más y explotó: el discurso que lanzó estaba por encima de lo que los oídos de Stalin podían soportar. Se puso furioso como nunca nadie le había visto. Invitó a su mujer, con gritos y puñetazos sobre la mesa, a que se callara. Pero ella siguió hablando hasta que hubo vaciado toda la amargura de su corazón. Luego, sin mediar una sola palabra con los asistentes, se retiró a su habitación. Al día siguiente, las criadas la encontraron muerta sobre la cama con un revólver a su lado.

La realidad de la muerte de Nadejda no ha podido ser confirmada. ¿Se suicidó? ¿Fue asesinada por su marido? Ninguna de las dos hipótesis ha podido ser confirmada.

Lo cierto es que Stalin, a partir de la muerte de su esposa, se sintió doblemente abrumado. Se aisló todavía más, abandonando el apartamento del Kremlin para ir a instalarse en Kuntsevo, cerca de Moscú.

A un paso de la dimisión

Stalin, en aquella época, dudaba de todo. La muerte de su esposa, aunque más bien diríamos la arenga de su esposa frente a los grandes del Partido, le había hecho dudar.

Así lo demostró durante una sesión en el Politburó.

Sin más preámbulos indicó a los miembros del Consejo que posiblemente debía presentar la dimisión en bien del partido.

Era el momento de terminar con aquel hombre. Stalin se ofrecía voluntario para dejar el poder. Sin embargo, nadie se atrevió a apoyar la dimisión. Todo el mundo tuvo miedo.

Finalmente, habló Molotov, apoyándole y ratificándole como único jefe de la Unión Soviética. Con una sola frase, Molotov confirmó a Stalin al frente del poder: «Sigue, Stalin, sigue. Tienes la confianza de todos nosotros y, por supuesto, la del partido.» Molotov, con esa frase, también se aseguró el porvenir. Por lo demás, la oposición acababa de dejar pasar la oportunidad para terminar con Stalin y el estalinismo.

CAPÍTULO XX
LA ÉPOCA DE LOS GRANDES PROCESOS

En 1933 Stalin hizo un primer balance ante el Comité Central del plan puesto en marcha cuatro años antes.

Las cifras que dio en aquel balance fueron bastante superiores a las reales. Lo cierto es que las personas que se encargaban de los datos estadísticos aumentaban las cifras para que el dictador no se enfureciera. No obstante, el fondo del discurso no era totalmente falso, pues se había creado una industria siderúrgica que antes no existía y la producción de energía eléctrica había aumentado considerablemente.

Pero, ¿a costa de qué? En realidad, a costa de los sacrificios de los obreros y campesinos. Los salarios eran bajísimos y la mano de obra muy abundante. Por lo tanto, era obligado un resultado positivo. Y con todo, no se había llegado a los niveles previstos por Stalin. Para eso había propuesto un segundo plan, que se pondría en marcha desde 1933 hasta 1937. Este segundo plan era mucho más realista que el primero, y un poco más beneficioso para los trabajadores, pues se entregarían animales al campesinado para la cría de ganado y se reducirían en varios puntos algunos impuestos.

Siguen las purgas

Stalin todavía se enfrentaba a la oposición. Ésta, en realidad, era poco eficaz, pero seguía estando presente. Stalin seguía temiendo a Trotsky, que era el único que no capitulaba y que, a pesar de su alejamiento, mantenía su popularidad entre el pueblo. Había logrado conservar numerosos contactos y luchaba con el único medio de que disponía: los escritos. Trotsky, desde su exilio, empezó a editar un periódico: *El Boletín de la Oposición*, desde donde se atrevía a criticar la política seguida por Stalin. Este periódico circulaba de forma clandestina, aunque sólo llegaba a una parte muy reducida de la población, pues la gran mayoría era todavía analfabeta y, por lo tanto, sólo lo podían leer unos pocos.

Stalin se hallaba plenamente convencido de que muchos hombres que le rodeaban estaban en contacto con León Trotsky, ya que éste parecía hallarse muy bien informado en su exilio. Por los servicios de sus agentes secretos, Stalin llegó a enterarse de que uno de los jefes de la policía política estaba en contacto con Trotsky. Por lo tanto, ese hombre, Blumkim, debía desaparecer. Lo mandó ejecutar para escarmiento de los demás. Por otro lado, Stalin llegó a enterarse de que uno de los que firmaban los artículos aparecidos en el *Boletín* de Trostky no era otro que Smirnov, un exiliado a quien se había perdonado poco tiempo atrás y al que, prontamente, se le hizo desaparecer sin más contemplaciones.

Durante el año siguiente, 1934, Stalin emprendió una política contradictoria, basada, por un lado, en duras represiones y, por otro, en medidas ciertamente liberales, concediendo perdones a aquellos que se retractaban de su pasado.

Abolió la GPU, siendo reemplazada por un comisariado para asuntos internos; también limitó las acciones de la policía política y autorizó a la oposición a hablar en público y a escribir artículos en los periódicos exponiendo sus ideas. Sin embargo, al mismo tiempo, siguió con la purga sistemática y subterránea, con el único propósito de hacer desaparecer a la oposición.

La muerte de Sergei Kirov

A principios de diciembre de 1934, Sergei Kirov, el responsable del partido en Leningrado cayó asesinado por las balas de un joven comunista. El muchacho, llamado Nicolaiev, no opuso resistencia alguna a su detención.

Sergei M. Kirov había sido, junto a Stalin, una de las personalidades más importantes del Politburó. Había sido el sucesor de Zinoviev, y uno de los principales artífices de las purgas más aterradoras. Él mismo sabía que actuando de esta manera se había ganado muchos enemigos, sobre todo entre la juventud.

La hipótesis más extendida sobre qué habría impulsado al joven a asesinar al dirigente Kirov es que Nicolaiev, que era miembro de las Komsomols, es decir, las Juventudes Comunistas, había obrado por cuenta propia, simplemente para denunciar, con ese gesto tan espectacular, el desagrado creciente de los jóvenes, desencantados de ver que los mayores iban cediendo ante las ideas del dictador. También se barajaron otras hipótesis, entre ellas la de que el propio Stalin había ordenado asesinar a Kirov, por razón de su popularidad, viéndole casi como un rival. Y otra posibilidad que se tuvo en cuenta fue la de que la orden del asesinato partió de la oposición, encabezada por Zinoviev, Bujarin y Trotsky. En realidad, ésta fue la idea que hizo prevalecer Stalin y que fue la principal acusación en la época de los grandes procesos.

Fuera como fuese, cuando Stalin se enteró del asesinato viajó rápidamente a Leningrado para interrogar personalmente al muchacho.

Y Stalin, a partir de entonces, adoptó una nueva estrategia para reducir a la oposición, ya que se dio cuenta de que no había oposición únicamente entre las viejas generaciones, sino que empezaba a haberla, y muy peligrosa, entre la juventud. Por tanto, en adelante ya no ordenó encerrar en prisión o desterrar a Siberia a los «descarriados», sino que sus órdenes fueron las de matar a los traidores.

Rusia, en 1935, entró en un período sangriento. La gente estaba completamente asustada e incluso tenía miedo de sus propios vecinos. No había seguridad en la Unión Soviética. En cualquier momento, uno podía ser apresado y juzgado por terrorista o traidor, lo que era lo mismo, y ser ejecutado sin más contemplaciones.

Eso fue lo que ocurrió con Nicolaiev y los que le habían ayudado en el asesinato de Kirov. Fueron juzgados a puerta cerrada y ejecutados al día siguiente. En realidad, según Stalin, los terroristas no tenían ningún derecho a defenderse. Y sólo cabía una pena para este tipo de personas: la muerte inmediata. Finalmente, muchas personas fueron ejecutadas sin ni siquiera haberse realizado el juicio.

Era la forma de castigar a la oposición más influyente. Los segundos en caer fueron Zinoviev y Kamanec. Stalin encargó al jefe de la NKVD —la antigua GPU—, que encontrara «pruebas» que permitieran acusar a los dos hombres de un complot criminal y de espionaje en favor del extranjero.

El proceso

Zinoviev y Kamenev, durante el tiempo que duró la instrucción del caso, se encontraban en un régimen de semilibertad. Eran interrogados durante todo el día, mientras que por las noches les dejaban regresar a sus casas. Pero, a pesar de los esfuerzos, el jefe de la NKVD no consiguió obtener ninguna confesión, y lo que era peor, ninguna prueba de que alguno de los dos hubiera intervenido, directa o indirectamente, en el asesinato de Kirov. No obstante —y es presumible que tal confesión proviniese de torturas—, los dos acusados llegaron a admitir que posiblemente el joven Nicolaiev hubiera estado influido por las críticas que ellos

Paseando con sus inmediatos subalternos en la Plaza Roja de Moscú.

habían realizado anteriormente contra Stalin y por las ideas expresadas por la oposición en sus folletos subversivos.

En un principio, ambos fueron encontrados culpables y se les impuso la pena de diez años de trabajos forzados para Zinoviev y cinco para Kamenev. Pero, esa pena era demasiado dura si eran realmente inocentes, y demasiado blanda, en cambio, si eran culpables. Por tanto, Stalin no se conformaba con la sentencia. Entonces desvió las acusaciones hasta conseguir que los dos hombres se consideraran enemigos del socialismo. Zinoviev y Kamanev, al principio, rechazaron la acusación. Pero a base de interrogatorios, finalmente, Lejov, jefe de la NKVD, consiguió que Zinoviev admitiera que la antigua actividad de la vieja oposición estimulaba la degeneración de los criminales. Stalin, de momento, tenía bastante con eso, pues sabía que podía usarlo en la primera ocasión que se le presentara.

Entre tanto, Stalin nombró a Andrei Ydanov sustituto de Kirov en Leningrado. Éste, si cabe más despiadado que su antecesor, empleó una política represora extremadamente dura con la juventud comunista, deportando y fusilando a millares de jóvenes. Los trenes, por centenares, emprendían el largo camino a Siberia repletos de gente.

El 13 de mayo de 1935, el Comité Central tomó una serie de medidas que decidieron la muerte de miles y miles de ciudadanos soviéticos, entre las cuales se contaba la creación de una comisión de defensa para poner a Rusia en condiciones de resistir una posible guerra. Otra de las medidas, la más cruel si cabe, fue la de crear una comisión de seguridad, encargada de «eliminar» a los enemigos del socialismo, debiendo, en primer lugar, verificar la buena voluntad y servilismo de los miembros del partido.

Esta comisión de seguridad estaba compuesta por Stalin, Ydanov, Jejov, Malenkov, Vychinsky y Chiriatov. Lo primero que debía hacer esa comisión era señalar a cualquiera que les pareciera culpable o sospechoso de mentalidad antisoviética. Las pruebas no eran necesarias, bastaba la sospecha. De esa forma los antiguos, nuevos, futuros, ciertos y probables enemigos del régimen volvían a ser puestos de nuevo en la picota.

Dado que se contaban por cientos de miles los sospechosos, y no había en toda la Unión Soviética suficientes letrados para afrontar todos los procesos, Stalin decidió la creación de comités filiales que se constituían en cada región autónoma para juzgar a los presuntos culpables, incluso sin estar éstos presentes en los juicios.

El resultado de estos procesos es de suponer: miles de deportados, ejecutados y desaparecidos sin dejar rastro. Además, como el régimen volvió a insistir en la necesidad de que cualquier ciudadano denunciase a su vecino si consideraba que no era buen socialista, es de imaginar la cantidad de venganzas que se llevaron a cabo por ese simple método de denuncia.

En 1936, concretamente el 14 de agosto, se dio a conocer a todo el mundo que algunos de los antiguos líderes de la revolución, camaradas de Lenin, iban a ser procesados bajo la acusación de espionaje, traición y terrorismo. Los primeros acusados eran dieciséis hombres, entre los que se encontraban Zinoviev y Kamenev. Y lo más espectacular del proceso fue que estos últimos se declararon culpables y pidieron para sí la pena máxima, sin posibilidad de indulgencia o perdón. Y, lógicamente, después de varios días de juicio, Zinoviev, Kamenev y los demás fueron ejecutados. El proceso había durado cinco días.

El segundo de estos grandes procesos fue el llamado «proceso de los diecisiete». Empezó el 23 de enero de 1937 y fue una consecuencia directa del anterior.

Fueron diecisiete los hombres acusados de alta traición y espionaje. La acusación indicaba que estos hombres eran los presuntos continuadores de las traiciones de Zinoviev, Kanoviev, Smirnov y los demás, habiendo conspirado para matar a Stalin. También entre los acusados había seguidores de Lenin. Uno de los procesados era Piatakov, miembro del Comité Central desde 1921. Otro era Radek, compañero desde el principio de Lenin, Zinoviev y Trotsky y miembro del Comité Central y del Presidium.

El proceso fue igual al anterior, pero sólo fueron condenados a la pena de muerte trece de los acusados. Los cuatro restantes sufrieron penas de reclusión de ocho a diez años de cárcel.

El tercero de los grandes procesos sentó en el banquillo a Tukhachevski, mariscal del Ejército Rojo, nombrado en el juicio anterior por Radek. La verdad del asunto de Tukhachevski habría que buscarla en Alemania. Hitler preparaba la guerra, y sabía que no podría hacer frente al ejército soviético, por lo que ordenó falsear documentos para desestabilizar al ejército de Stalin. Así, no sólo cayó el mariscal, sino que además gran parte del Estado Mayor del Ejército Rojo fue depurado. En menos de seis meses, tres mariscales, veintisiete generales y veinte mil oficiales fueron degradados, deportados o ejecutados.

El cuarto de los grandes procesos fue el más importante en cuanto a número de personas sentadas en el banquillo. En total, fueron veintiuna. Fue también el último de los grandes procesos, pues en esos veintiún hombres entraban ya todos los que, de una forma u otra, podían atacar a Stalin. Todos, menos su peor enemigo: Trotsky.

Bujarin era, posiblemente, el hombre más destacado de esos veintiuno que pasaron por el banquillo. Con él, también se encontraban Rykov y Yagoda. Todos fueron juzgados por espionaje en favor de los países hostiles a la Unión Soviética: Alemania, Japón, Gran Bretaña y Polonia.

El 21 de marzo de 1938 concluyó este cuarto proceso. Dieciocho de los acusados fueron condenados a muerte.

Lógicamente, los procesos continuaron durante algún tiempo. Pero llegó el día en que Stalin se dio cuenta de que la guerra no iba a tardar en llegar a la Unión Soviética.

Fue entonces cuando, ya muy menguadas las fuerzas de la oposición, Stalin decidió terminar con la época negra de Rusia. Le interesaba, a partir de entonces, mantener unida a la URSS, para hacer frente común a la guerra.

CAPÍTULO XXI
LA II GUERRA MUNDIAL

Hasta finales de los años treinta, Stalin no había temido en absoluto el poder creciente de Hitler en Alemania. Para Stalin, los verdaderos enemigos eran las potencias occidentales: Gran Bretaña y Francia. Su único afán, en aquella época era la protección de las fronteras soviéticas. Así, había restablecido las relaciones diplomáticas con Checoslovaquia, Bulgaria y Rumanía, y había prorrogado el pacto de no agresión con Polonia.

En 1935 estableció una nueva táctica adhiriéndose a la Sociedad de Naciones. La URSS trataba de acercarse a Occidente.

No obstante, Hitler iba tomando posiciones en las fronteras alemanas, dispuesto a invadir Europa.

Stalin había firmado con Francia una alianza en la que se preveía un frente común en caso de que Checoslovaquia fuera atacada. Mas, por su parte, tanto Francia como Gran Bretaña firmaron un acuerdo de paz con Hitler en Munich que consistía nada menos que en la desmembración de Checoslovaquia. Esto sucedía exactamente el 30 de septiembre de 1938.

Por tanto, abandonado por las potencias occidentales, Stalin decidió que la única forma de evitar la guerra era tratar de entenderse con Hitler.

Hitler invade Checoslovaquia

A finales de 1939, el Führer reclamó un imperio colonial para Alemania y garantizó su completo apoyo a Mussolini, que reivindicaba para sí Túnez, Córcega y Niza.

Poco más tarde, el 14 de marzo, cuando Hacha, el presidente de la República Checoslovaca, que había sucedido a Eduardo Benes, se vio obligado a poner el destino del pueblo checo en las manos de Hitler, incluso los pacifistas más empecinados se pudieron dar cuenta de que acababa de levantarse el telón del último acto.

El 16 de marzo, la Wehrmacht —el ejército alemán— se ponía en marcha hacia el Este y no tardó en entrar en Praga. Hitler instauró el protectorado de Bohemia y Moravia dentro del marco del Reich y concedió su protección a una Eslovaquia independiente dirigida por un colaborador, el obispo Tiso.

El día 15 de abril, el Foreign Office inició una negociación para conseguir la ayuda de la Unión Soviética contra Alemania. Pero se encontró con una sorpresa.

El pacto germano-soviético

En el verano de 1939 el mundo corría inexorablemente hacia la guerra. En agosto, Moscú recibió al ministro de Asuntos Exteriores del Reich, Von Ribbentrop, que había ido a firmar con Molotov, bajo la supervisión de Stalin, un pacto de no agresión valedero por diez años.

Todo se había decidido en la tarde del 19 de agosto. Stalin había reunido a los miembros del Politburó y les había anunciado su intención de entenderse con Hitler. Durante la tarde y noche del 23 al 24 de agosto, Stalin, Molotov y Ribbentrop discutieron las cláusulas del pacto. Rusia reclamaba a Alemania lo que había pedido a los occidentales: la garantía sobre los Estados del Báltico. Ribbentrop, después de hablar con Hitler, accedió a la petición. No obstante, a Stalin le pareció sospechosa la pronta aceptación de Hitler.

Stalin quería mantener a la Unión Soviética fuera de la guerra. Lo consiguió con el pacto, pero sería por poco tiempo.

La nueva Constitución

Stalin, a pesar de la tensión que se cernía sobre Europa, encontró tiempo para promulgar una nueva Constitución, redactada por él mismo y por Vychinski.

Esa Constitución aparecía como liberal, después de todo lo sufrido por los soviéticos en la época del terror. Ya no había que sufrir por ser arrestado sin un mandato judicial, se hablaba en ella del respeto al domicilio e incluso de poder escoger un defensor en caso necesario.

Pero la aplicación de esa nueva Constitución no sería tan del agrado de los soviéticos. El jefe de la NKVD, Lejov, se las arreglaba bien para legalizar los arrestos. Por otro lado, con la inminencia de la guerra, Stalin abolió de forma oficial algunos derechos que se establecían en la Constitución. Así, por ejemplo, el derecho al trabajo fue reemplazado por dos decretos según los cuales un obrero sólo podía dejar su puesto laboral con una autorización legal. Y cuando estalló la guerra, Stalin no tuvo en cuenta ninguno de los artículos de la Constitución.

El asesinato de León Trotsky

Por otra parte, después de las depuraciones del período anterior, en la URSS sólo quedaban incondicionales de Stalin. Las nuevas generaciones habían sido educadas para adorar al ídolo.

Sólo existía una persona que seguía molestando a Stalin, y este personaje no era otro que Trotsky. Exiliado ya definitivamente en México, Stalin decidió terminar de una vez por todas con su enemigo acérrimo. El día 20 de agosto de 1940, el catalán Ramón Mercader asesinó a Trotsky en su casa, cercana a Ciudad de México, a pesar de estar muy bien vigilada. Stalin ya no tenía nada que temer de León Trotsky. Por otro lado, la muerte del antiguo dirigente soviético no causó mucho revuelo internacional, al menos en aquellos momentos de tensión en Europa.

Ramón Mercader había logrado ganarse la confianza del líder internacionalista y su familia, hasta el punto de convertirse en secretario del político ruso. Para consumar el crimen, Mercader se valió de un *piolet* o bastón de alpinista provisto de una aguda punta de hierro.

No era la primera vez que Trotsky era objeto de un atentado contra su vida. Ya en otra ocasión habían intentado sin éxito asesinarle ametrallando su casa. México era la última etapa de un exilio que se había iniciado en enero de 1928 tras su deportación a Alma-Ata en Asia Central, junto con sus principales seguidores. Fue precisamente entonces cuando su doctrina de la revolución permanente y universal cobró carta de naturaleza, denominándose *trotskismo*.

Desterrado de la URSS halló asilo en Turquía, donde siguió escribiendo su autobiografía y la historia de la revolución soviética, naturalmente desde su punto de vista, aunque no dejan de ser ambas obras dos fuentes importantes —subjetivas— para la comprensión de la época y para contrastar pareceres.

De Turquía pasó a Francia en 1933 y a Noruega en 1935, de donde había sido expulsado por presiones del Gobierno soviético. La victoria de Hitler en Alemania le disuadió de su proyecto de reformar la Internacional Comunista, por lo que emprendió la formación de una Cuarta Internacional

Con su hija Svetlana, uno de los frutos de su matrimonio con Nadejda.

adicta, mientras que alentaba a sus partidarios a la constitución de sus propios partidos, sobre la base de su perspectiva revolucionaria.

Desde el primer momento de su exilio, Trotsky no dejó de denunciar el régimen de Stalin como una perversión burocrática y bonapartista de la dictadura del proletariado. Según su teoría de la revolución permanente, el régimen de Stalin, aislado de la revolución mundial, estaba condenado al fracaso.

CAPÍTULO XXII
EL AVANCE DE LA WEHRMACHT EN EUROPA

La crisis en Europa se precipitaba de hora en hora. El día 1 de septiembre, por la mañana, las tropas alemanas entraban en Polonia. Un tremendo impulso ponía en pie a Inglaterra, ya metida en un proceso irreversible. El 3 de septiembre, a las nueve de la mañana, el embajador de Gran Bretaña en Berlín entregaba a Von Ribbentrop un ultimátum en donde se conminaba a Alemania a retirar sus tropas de Polonia.

Pero en este ultimátum sólo se concedían tres horas, por lo que era bastante ridículo pensar que se pudiera aceptar por parte de Hitler. Por lo tanto, a partir de aquella mañana toda Europa estaba en pie de guerra.

El pacto germano-soviético había sido aceptado por el pueblo ruso como algo necesario para no entrar en guerra.

Pero el fulgurante avance del ejército alemán sobre Polonia dejó atónito a Stalin. El pacto preveía que el Ejército Rojo debía penetrar inmediatamente en Polonia oriental. Desde el día 5 de septiembre, Von Ribbentrop instaba a Moscú para que hiciera frente a sus compromisos. Mientras, Stalin le iba dando largas, pues no estaba muy seguro de que los occidentales no le acusaran de participar en el reparto y seguirle el juego al dictador nazi. Por otro lado, no estaba tampoco muy seguro de que los oficiales rusos no se volvieran en contra de los soldados alemanes.

No obstante, el día 17 de septiembre, el Ejército Rojo traspasaba la frontera soviético-polaca. Los alemanes estaban ya cerca, por lo que la intervención quedaba simplemente en una medida de protección.

En pocas horas los soviéticos pudieron ocupar la parte oriental de Polonia. Al día siguiente, el ejército alemán y el soviético se encontraron. Polonia había sido barrida del mapa.

La invasión de los países del Norte

Von Ribbentrop se personó en Moscú para repartir los territorios polacos y organizar los que se encontraban entre los dos países. Alemania se reservaba para sí toda la Polonia étnica. La Unión Soviética persuadió a los tres pueblos bálticos, Letonia, Estonia y Lituania para que firmasen un pacto de asistencia y cedieran unas bases aéreas y navales. Unos meses más tarde, los gobiernos de estos tres países serían derrocados y los mismos anexionados por Moscú, convirtiéndose en repúblicas federadas.

Antes de volver a Berlín, Von Ribbentrop visitó a Stalin para invitarle a entrevistarse con Hitler en Berlín. Stalin, en un principio, declinó la invitación. Sin embargo, el día de su sesenta aniversario telegrafió a Hitler:

> *La amistad de los pueblos de Alemania y de la Unión Soviética, cimentada por la sangre, tiene todos los motivos para ser duradera.*

También aprovechó para firmar nuevos pactos con Berlín. En un protocolo secreto, Alemania y la URSS se comprometieron a suprimir toda propaganda que tendiera a la restauración de Polonia, y pidieron la paz inmediata, en una declaración común, culpando a Inglaterra y Francia de la prosecución de hostilidades. También a partir de entonces, el acuerdo comercial empezaba a dar sus frutos, pues Alemania recibía materias primas y trigo de la Unión Soviética, mientras que ésta recibía maquinaria y utillaje.

Stalin fijó entonces su atención en Finlandia, y decidió invadirla, a pesar de las protestas de Suecia, Noruega y Dinamarca, expresadas por medio del presidente estadounidense Roosevelt. Stalin, sin embargo, no cedió. Y no se le ocurrió otra cosa que inventarse un incidente entre Finlandia y la URSS. Para eso, el 23 de noviembre afirmó que la artillería finlandesa había abierto fuego a través de la frontera y que del resultado de esa acción habían muerto cinco soldados soviéticos, por lo que denunció el pacto de no agresión firmado en 1932 y mandó bombardear varias ciudades finlandesas, Helsinki entre ellas.

La guerra entre la URSS y Finlandia duró cuatro meses. En un principio, el pequeño ejército finlandés hizo frente al Ejército Rojo, mal preparado para luchar contra las inclemencias de un frío de veinticinco o treinta grados bajo cero. No obstante, finalmente se impuso el ejército soviético por medio de la fuerza y el número. Cesaron los hostigamientos a mediados de marzo de 1940. Finlandia debía abandonar Viborg y el istmo de Carelia. La URSS había ganado la guerra, pero había salido mal parada de ella. Ya que el prestigio del ejército soviético había decaído en gran manera.

El héroe de la defensa de Finlandia frente a los rusos fue el mariscal Carl Gustav Emil, barón de Mannerheim. Nacido en Villnäs, cerca de Turku, en 1867. Sirvió en el ejército imperial ruso de 1887 a 1917 y tomó parte en la guerra ruso-japonesa en calidad de teniente general, y en la I Guerra Mundial mandó un cuerpo de ejército. Después de la revolución de 1917, regresó a Finlandia donde se le confió el mando de las tropas finlandesas de liberación. Elegido regente del nuevo Estado finlandés, obtuvo de los aliados el reconocimiento de la independencia de Finlandia en diciembre de 1918. Se retiró de la política cuando Stahlberg fue elevado a la presidencia, y de 1931 a 1939 fue jefe del Consejo de defensa Territorial. Tras dirigir la resistencia del país en 1939-40 contra la invasión soviética, fue ascendido a mariscal en 1941.

Con la intención de recuperar los territorios perdidos en 1940, reemprendió la lucha junto a Alemania, cuando ésta invadió la URSS. Desde julio hasta agosto de 1941, las fuerzas finlandesas reconquistaron el terreno perdido al noroeste del lago Ladoga y en el istmo de Carelia tomaron Viborg y se instalaron en las fortificaciones soviéticas más allá de las fronteras de 1939. A partir de septiembre, el ejército de Carelia penetró en territorio soviético entre los lagos Onega y Ladoga y cortó la línea férrea Murmansk-Leningrado.

De 1942 a 1944 reinó la calma en el conjunto del frente, pero el 9 de junio de 1944 cuatro ejércitos soviéticos emprendieron una violenta ofensiva contra el istmo de Carelia y la Carelia soviética hasta hacer retroceder a Finlandia hasta las fronteras impuestas en 1940. Aunque Viborg cayó, el frente pudo mantenerse. La Carelia soviética fue evacuada. Mannerheim, elegido presidente de la república finesa, entabló negociaciones con la URSS. El armisticio firmado en Moscú, preveía la ruptura con el III Reich. Entonces las tropas finlandesas se volvieron contra las unidades de montaña alemanas instaladas en el Norte, que se retiraron en dirección a Noruega. Mannerheim, declarado «héroe nacional y salvador de la patria», abandonó sus funciones políticas en 1946, muriendo en Lausana en 1951.

La pugna por Finlandia entre suecos y rusos se remonta a los siglos XII y XIII. Aunque durante siglos Suecia ganó la partida, a partir de 1721, reinando el zar Pedro I el Grande, la suerte se vuelve en favor de Rusia que comienza a ocupar territorios finlandeses, hasta que tras una nueva guerra en 1809 el zar Alejandro I de Rusia toma el título de Gran Duque de Finlandia. En 1917, derrocado el zar, Finlandia proclama su independencia, que es reconocida por el Gobierno bolchevique en 1918. En 1919 es proclamada la república de Finlandia. En el período de entreguerras 1918-1939 se inicia una época de estabilidad política y de recuperación económica que volverá a romperse en 1939.

CAPÍTULO XXIII
HITLER INVADE RUSIA

Hitler, por su parte, al final de la primavera de 1940, terminó la invasión de Francia. Pétain firmó el armisticio con Alemania concretamente el 22 de junio. Por su parte, Inglaterra se encontraba bajo la amenaza de los bombardeos alemanes comandados por Goering.

Aquel desastre franco-británico daba vía libre a Hitler. Y fue entonces cuando el Führer empezó a poner sus ojos en los territorios de la Unión Soviética.

El Ejército Rojo había quedado muy menguado, en primer lugar por la depuración que había sufrido bajo el yugo de Stalin, y por otro por las duras condiciones con que se encontró en Finlandia.

Stalin sabía que si Hitler quería atacarle era el momento de hacerlo, y que no desaprovecharía la situación cuando hubiera reunido las suficientes fuerzas en el frente oriental. Por tanto, en la URSS, la industria de armamento trabajaba día y noche.

El 19 de octubre de 1940, Von Ribbentrop escribió a Stalin ofreciéndole un pacto entre Alemania, la Unión Soviética, Italia y Japón para apoderarse de Europa y del resto de Asia.

El 12 de noviembre, Molotov viajó a Berlín, con órdenes de Stalin de mostrarse amigable, de la misma forma que no debía ceder de ninguna manera a las exigencias del Führer sobre los países balcánicos. Hitler, a través de Von Ribbentrop, volvió a ofrecer a Stalin el pacto entre los cuatro países ya mencionados, para asegurarse así la derrota total sobre Gran Bretaña. Ofrecía a la Unión Soviética, a cambio del pacto, la India, mientras que Italia y Alemania se adjudicarían las posesiones de África, y Japón las del sudeste asiático.

Molotov dio largas al asunto. De regreso a Moscú, y tras unos días de reflexión, Stalin contestó exponiendo sus conclusiones: para firmar el pacto urgiría la retirada inmediata de las tropas alemanas en Finlandia y el reconocimiento de Bulgaria dentro de la influencia rusa.

Hitler no podía aceptar estas condiciones a menos que no se olvidara definitivamente de atacar la URSS. Por tanto, rechazó de plano las condiciones de Stalin. Éste había conseguido ganar unos meses de tiempo, aunque quizá no todo el que necesitaba para reorganizar el Ejército Rojo.

Hitler, a partir de entonces, se preparó para invadir la Unión Soviética.

En abril, Stalin firmó con el ministro de Asuntos Exteriores del Japón un pacto de neutralidad recíproca. Por lo tanto, no tendría que combatir en dos frentes.

Stalin sabía que Hitler no tardaría en atacar. Estaba al corriente de sus planes. Lo que no sabía, en realidad, era cuándo se iniciaría el ataque.

Y por fin, el ataque empezó el día 22 de junio de 1941. Ese día, al amanecer, los ejércitos alemanes franquearon la frontera soviética para lanzarse hacia el Este en un frente de mil quinientos kilómetros. Había comenzado la Operación Barbarroja, nombre dado por Hitler al ataque a Rusia.

No hubo sorpresa en el resto de Europa. Churchill, por ejemplo, lo esperaba desde hacía tiempo. Nadie había creído en realidad en el pacto germano-soviético de 1939. Gran Bretaña, a partir de entonces, ya no estaría sola frente al enemigo alemán.

Aquel día 22 de junio, desde el mar de Barents al mar Negro, corrieron hacia las estepas rusas ciento sesenta y seis divisiones del Eje. Cuatro millones seiscientos mil hombres fueron lanzados a la más atrevida de cuantas acciones eran pensables: la destrucción de la URSS y de su régimen comunista.

Comenzaba un terrible período para soviéticos y germanos.

A Moscú empezaron a llegar las noticias de la invasión, pero en realidad nadie quería creer en ellas. Stalin prefería pensar que simplemente era una provocación alemana y no una invasión con todas las de la ley.

Pero las noticias que iban llegando eran demasiado evidentes como para no creerlas. Por otro lado, el embajador alemán en Rusia solicitó ser recibido para entregar un mensaje urgente. «Alemania había declarado la guerra». La noticia fue recibida en el Politburó como un jarro de agua fría.

Las primeras medidas que se tomaron fueron las de movilizar a todos los reservistas nacidos entre 1905 y 1918 en un territorio de catorce regiones militares y las de declarar el estado de guerra, lo cual fue anunciado aquel mismo día por todas las emisoras de radio de la Unión Soviética.

Fue Molotov el encargado de dar la noticia al pueblo.

> *Esta madrugada, exactamente a las tres cuarenta y cinco, sin declaración alguna de guerra y sin que la Unión Soviética haya provocado ningún enfrentamiento, las tropas germanas han atacado a nuestro país y han bombardeado ciudades como Jitomir, Kiev, Sebastopol, Kaunas y otros pueblos y aldeas. De momento han muerto más de doscientas personas. Por lo que parece, ha habido incursiones aéreas y ataques de artillería lanzados desde Rumanía y desde Finlandia. Este ataque contra nuestra Unión Soviética es un acto pérfido, sin precedentes en la historia de los países civilizados. Se ha traicionado un pacto, cuyas cláusulas nosotros hemos sabido respetar en todo momento con las mayores consideraciones...*

> *Esta guerra no nos viene dada por el pueblo alemán, sino por sus caciques, por sus gobernantes, por los jefes alemanes sedientos de sangre, por aquellos hombres que ya han reducido a la nada a una nación amiga nuestra como era Francia, a nuestra querida Checoslovaquia, a Polonia, a Servia y a otros países... En 1812, el pueblo ruso se levantó para aplastar a Napoleón, que pretendía reducirnos a la nada. Hoy, camaradas, el Gobierno os llama, hombres y mujeres, para que os unáis en filas más apretadas aún al glorioso partido bolchevique, al propio Gobierno soviético y sobre todo, a nuestro querido jefe, el camarada Stalin. La causa del pueblo soviético es una buena causa, por lo que el enemigo será aplastado sin prejuicios y la victoria será nuestra, vuestra, de todo el pueblo ruso.*

Stalin, durante una temporada, no dio señales de vida. No lanzó ningún mensaje a sus compatriotas. No obstante, en la mañana del 3 de julio, decidió pronunciar una arenga patriótica:

> *¡Camaradas, hermanos, hermanas, combatientes de nuestro ejército. Hoy, 3 de julio, me dirijo a vosotros, amigos míos!*
>
> *Una grave amenaza se ha cernido sobre nuestro país. El enemigo alemán ha conseguido tomar Lituania, algunas zonas de Ucrania, una parte de Letonia y la parte occidental de Bielorrusia. Yo os pregunto: ¿es que el enemigo es invencible? No. Sabemos por experiencia que los ejércitos de Napoleón y de Guillermo II parecían invencibles... Y, sin embargo, terminaron por caer derrotados y aplastados...*

Su miedo a la oposición llevó a Stalin a ordenar prisión y muerte para los traidores.

Esta guerra será vuestra contra los fascistas. En los territorios ocupados, los guerrilleros deben extender la guerrilla por todas partes donde no pueda llegar el Ejército Rojo. Por otro lado, si el enemigo avanza, no debe encontrar nada que pueda aprovechar. Ni una sola máquina, ni una gota de petróleo, ni una sola libra de pan... todos los bienes utilizables que no puedan ser retirados deberán ser destruidos.

Además, os digo: en nuestro país no caben los cobardes. Quien dificulte nuestra labor será juzgado por tribunales militares, cualquiera que sea su rango o situación.

Pero hay más. También he de deciros que la declaración histórica de Churchill sobre el apoyo británico a nuestra querida Unión Soviética, y la decisión del Gobierno de Estados Unidos, decididos a ayudarnos, no pueden ser recibidas por nuestro país más que con un sentimiento profundo de gratitud. ¡Camaradas, nuestras fuerzas son inmensas frente al cruel enemigo! ¡Nuestro poder debe ser puesto en movimiento para aplastar al germano!

Este discurso causó el efecto esperado entre la población soviética. Casi por primera vez, el pueblo sabía que tenía un jefe en quien apoyarse.

Mientras seguían los combates, en el Kremlin se trabajaba sin descanso. Las fuerzas alemanas avanzaban hacia Leningrado, Moscú y Kiev.

En el frente, el primer objetivo era detener el avance del ejército alemán. En Moscú se prepararon fortificaciones anticarros construidas alrededor de la ciudad. Se organizaba, de esta forma, la resistencia.

Poco a poco empezaba a correr el rumor de que dos tanques alemanes habían sido vistos en Khimki, el suburbio norte de Moscú. Era el día 16 de octubre y una ola de pánico se apoderó de la ciudad. Se ordenó la evacuación a Kuybichev de las embajadas y de cierto número de servicios gubernamentales. Dos días después fue proclamado el estado de sitio, aunque antes, dos millones de personas habían sido evacuadas.

La ofensiva contra Moscú se había desencadenado, efectivamente, el 30 de septiembre. El día 2 de octubre, Hitler había anunciado el asalto final sobre la capital.

El día 5 de octubre, Jukov había sido llamado de Leningrado para organizar la defensa de la ciudad con Sokolovski, Koniev y Rokossovski, los mejores estrategas soviéticos. El día 30, una primera ofensiva alemana fue detenida. El 7 de noviembre, Stalin, en la Plaza Roja, arengaba a las tropas que partían a defender la capital, hablándoles de los grandes antepasados. Las divisiones siberianas acababan de llegar para apoyar al ejército.

El segundo ataque alemán a Moscú se produjo el 16 de noviembre. Fue rechazado a diez kilómetros de la capital. En diciembre, los soviéticos se decidieron a lanzarse al contraataque. La batalla de Moscú fue ganada. En el flanco norte y sur, el adversario fue rechazado a trescientos kilómetros de Moscú. En el sudeste, las fuerzas de Von Rundstedt tuvieron que retroceder. Rostov fue recuperado por el Ejército Rojo. Durante aquel crudo invierno ruso, las ciudades de Leningrado, Moscú y Sebastopol aguantaron bien los embates enemigos.

En enero de 1942 Moscú había sido salvado. No obstante, la campaña de invierno preparada por Stalin y por Chapochnikov se atascó en la nieve. Stalin acababa de ser designado comisario de la Guerra. Por lo tanto, tenía en sus manos todos los poderes: secretario general del Partido Comunista, presidente del Comité de Defensa, presidente del Consejo y de las comisarías del pueblo. La autoridad máxima del país controlaba todas las operaciones.

Una cita en Moscú

Stalin, en todas sus comunicaciones con su aliado en Inglaterra, Winston Churchill, solicitaba la apertura de un segundo frente que aliviara un poco al Ejército Rojo. Churchill, por su parte, estudiaba la posibilidad de un desembarco en África del Norte. Para eso, el premier británico decidió entrevistarse con Stalin en Moscú.

Churchill llegó a Moscú el 12 de agosto de 1942, un mes antes de la aparición de los blindados nazis en los suburbios de Stalingrado. Stalin ya había tenido noticias de la operación alemana por sus servicios secretos, y se hallaba completamente decidido a no dejar cruzar el Volga a los blindados.

La visita de Churchill, acompañado por Harriman, delegado de Roosevelt, duró cinco días. Churchill tenía muchas ganas de conocer al dictador. Stalin representaba para el descendiente del duque de Marlborough todo lo que él más odiaba, es decir, el comunismo. Además, había decidido quitarle de la cabeza la idea de abrir el segundo frente en Europa que con tanto esmero pedía Stalin en todas sus comunicaciones.

Harriman asistió al primer encuentro en el Kremlin. La entrevista duró poco más de cuatro horas. Por la noche se celebró una cena en donde Stalin volvió a insistir sobre el tema del segundo frente. Pero Churchill no cedía. Éste puso a Stalin al corriente de los preparativos del desembarco angloamericano en África del Norte e inmediatamente, Stalin expuso las ventajas que veía en esa incursión a África: por un lado, se atacaría a Rommel por la espalda; se conseguiría, asimismo, intimidar a España y levantar a los franceses contra los alemanes en la misma Francia y, por último, hacer sufrir a Italia el peso principal de la guerra en Europa. Churchill quedó impresionado por el análisis que hizo Stalin. Sin embargo, no cedió en absoluto en la reiterada petición de éste, y las entrevistas terminaron en desacuerdo.

Entonces, Stalin decidió presionar a Roosevelt. Por medio de su antiguo embajador en Washington, Stalin hizo circular el rumor de que la Unión Soviética podría estar considerando un arreglo con Hitler. Roosevelt, entonces, envió rápidamente a Wilkie para obtener una entrevista con Stalin. Éste pidió con urgencia una declaración de la apertura de un segundo frente, al menos para levantar la moral del pueblo soviético.

Entre tanto, la guerra continuaba en el frente ruso. Los alemanes avanzaban hacia el Volga, habiendo ocupado Kurbán y marchando hacia Bakú. El 18 de agosto, las fuerzas alemanas habían alcanzado la orilla derecha del Volga, y el cerco se cerraba en torno a Stalingrado. El 13 de septiembre comenzó el infierno en esta ciudad. Y hasta el 2 de febrero de 1943, el ejército alemán no fue aniquilado en esta ciudad. El Kremlin se había convertido en el único cuartel general de mando.

Stalin se hallaba rodeado de estrategas y coordinadores. Tenía a su lado a Timochenko, Vorochilov y Vassilievski. A partir de aquel momento la moral soviética daría sus frutos, y en cambio, mermaría la del ejército alemán. Poco a poco se irían reconquistando los territorios perdidos.

El día 13 de julio fue detenida la ofensiva alemana. Fueron destruidos dos mil novecientos tanques germanos, y murieron cerca de setenta mil soldados en el curso de una gigantesca batalla. El 5 de agosto fueron recuperadas Orel y Bielgorod.

A finales de junio de aquel mismo año la ofensiva alemana sobre Kursk era inminente. Los alemanes, unas semanas antes, habían retomado la ciudad de Kharkov. Stalin se planteaba entonces la necesidad de una conferencia con sus aliados ingleses y americanos.

Puede afirmarse con suficientes argumentos que el vértice decisivo de la II Guerra Mundial, cuando ésta cambia de signo, se halla situado cronológicamente en noviembre de

1942, época en que los soviéticos inician el cerco del ejército alemán de Stalingrado, los ingleses coronan su victoria de El Alamein y los anglo-norteamericanos desembarcan en África del Norte. Simultáneamente alemanes e italianos ocupan militarmente la Francia de Vichy, desapareciendo incluso la ficción de un Gobierno sometido ya en absoluto a los dominadores.

Pese a sus elevadas pérdidas durante el invierno anterior, Hitler pudo desencadenar una nueva ofensiva apenas llegado el verano de 1942. En mayo se entabló la batalla de Jarkov; en junio los alemanes llegaban, como ya hemos citado, al recodo del Volga y en julio se ordenaba el comienzo de la «operación Stalingrado». También en agosto de 1942 llegaban al Cáucaso y coronaban el monte Elbruz.

El dictador alemán no ignoraba el debilitamiento de sus ejércitos de tierra y de la aviación del Reich, pero confiaba en que los rusos habían agotado las últimas reservas disponibles a lo largo del invierno. Por lo demás el objetivo del Führer era ya limitado: apoderarse de todo cuanto quedara de suministros en Europa y en particular del petróleo del Cáucaso. En cuanto a la población civil rusa, Hitler cursó a sus jefes militares la consigna de que no debía inspirarles ningún sentimiento humanitario.

A comienzos del invierno, las tropas alemanas del Cáucaso ya tenían que batirse en retirada aunque en bastante orden. Hitler prohibió que efectuara el menor retroceso el VI Ejército mandado por el general Von Paulus, que había llegado a Stalingrado tropezando con una resistencia encarnizada de la población en las ruinas de la ciudad. El Führer parecía obsesionado con el deseo de tomar dicha plaza que ostentaba el nombre de su mortal enemigo; lanzó ciegamente contra Stalingrado sus mejores tropas de choque que tropezaron con una resistencia que asombraría al mundo y decidiría en gran parte el resultado de la Segunda Guerra Mundial. Los bombardeos aéreos y artilleros de espantoso volumen destruyeron y arrasaron casi por entero la ciudad. Los defensores se aferraban desesperadamente a su recinto, luchando en cuevas, en parapetos, entre las ruinas, obedeciendo obstinadamente las órdenes de Stalin de combatir hasta el último soldado, hasta la última bala.

Hitler se hallaba tan convencido de su victoria, que en un comunicado anunció haber tomado la ciudad, pero a mediados de noviembre el general Zukov desencadenó una contraofensiva con excelente y abundante artillería y con fuerzas superiores en número bien equipadas. Sus hombres rompieron el frente germano y bloquearon mediante un movimiento de tenaza, las dieciocho divisiones alemanas más selectas. Al recuperar la ciudad, 24 generales alemanes, entre ellos Von Paulus, y 91.000 soldados fueron hechos prisioneros no sin haber resistido también heroicamente y haber dejado más de 200.000 cadáveres en la acción.

CAPÍTULO XXIV
LA CONFERENCIA DE TEHERÁN

Durante los días 28 de noviembre al 1.º de diciembre de 1943 se reunieron en Teherán, la capital de Persia o Irán, Stalin, Roosevelt y Churchill, para discutir sobre tres grandes temas: la futura organización que garantizara la paz, la creación del «segundo frente» y la cuestión japonesa.

Era la primera vez que Stalin salía al extranjero, por lo que había preparado todos los detalles, desde un informe de su hija Svetlana sobre las costumbres de los norteamericanos y la descripción personal de Roosevelt, hasta las medidas de seguridad que abarcaban la prohibición de instalar micrófonos en las habitaciones destinadas al presidente americano. Fue Beria el responsable de tal medida, pero solicitó el empleo de sus agentes, transformados en personal de servicio de todas las categorías con tal perfección, que su jefe, Krulev, recibió como premio el cargo de ministro del Interior.

Stalin se iba a enfrentar de nuevo con Churchill, quien se presentó esta vez de uniforme y con el obsequio de la «espada de Stalingrado», que el dictador besó reverentemente. Stalin planteó la entrevista con ánimo de romper la solidaridad anglo-americana y atraer a su bando al presidente. Durante su estancia en Estados Unidos como huésped de la Casa Blanca, Svetlana tenía la obligación de escribir semanalmente a su padre contándole todos los pormenores, y por ella sabía del carácter inconformista, el estilo personal de Roosevelt al tratar los problemas de Estado y la abrumadora simpatía con la que desarmaba a los oponentes.

El problema que verdaderamente preocupaba a Stalin era la posición de la Unión Soviética en el futuro, pues al perfilarse en las anteriores conferencias la creación de un organismo en nada semejante a la Sociedad de Naciones, temía verse excluido por una conjura del «capitalismo». Stalin, que había disuelto el «Komintern» y el 15 de marzo de 1944 sustituiría *La Internacional* como himno de Estado, sentía graves preocupaciones respecto al papel destinado a la Unión Soviética en el concierto mundial. Si el curso de la guerra había creado la clasificación de los «tres grandes», referida a Gran Bretaña, Estados Unidos y la URSS, pretendía prolongar tal consideración. Estimaba que con la paz, Norteamérica se concentraría en su hemisferio, quedando Inglaterra como único tutor de Europa. El tiempo, en cambio, le demostraría su equivocación, nacida no por voluntad de Estados Unidos, sino por la cerrazón soviética respecto a la ocupación de Alemania y Austria.

Los tres países habían iniciado ya un ensayo en Italia durante el funcionamiento del Consejo Consultivo Aliado para Italia, del que formaban parte Vichinski, por la URSS; MacMillan, por Gran Bretaña; Robert Murphy, por Estados Unidos; Massigli, por Francia y representantes de Grecia y Yugoslavia.

La idea de Stalin al lanzarse a la política internacional clásica, o sea participar en el juego preestablecido de las cancillerías y amoldarse a sus métodos y sistemas, era aprovechar la idea que le brindaban con la clasificación de «grandes» y «pequeños». De aquí una de sus aparentes contradicciones: negarse en la Conferencia de Teherán a la admisión de Francia en pie de igualdad, pese a que la URSS fuera el primer Gobierno en reconocer al comité de De Gaulle. Pretendía restringir el número de los «grandes» al mismo tiempo que dar carácter de permanencia a esta situación.

El encuentro de Stalin y Roosevelt fue el origen y la raíz de la «guerra fría» y de la aparición de dos nuevos conceptos: el de Este y de Oeste. El georgiano se encontró con un hombre abierto, optimista, charlatán, que le enseñó a utilizar la sonrisa como un arma de combate. Roosevelt visitó todas las noches a «tío Joe» sin más compañía que un intérprete ruso. Charlaron sobre planes del futuro, criticó a sus colaboradores y en todo momento creó un clima de intimidad que llevó a Stalin a decir: «Uno se cree en presencia de un amigo al que conociera desde muchos años antes; hasta tal punto resulta su trato afectivo e íntimo.»

No obstante, en cuanto pasó el primero momento de deslumbramiento por parte de Stalin, éste aprovechó todas las palabras de Roosevelt. Si para el presidente eran charlas de sobremesa, para el dictador eran concesiones y acuerdos verbales esgrimidos en su momento oportuno. Por otro lado, ante tanta generosidad, Stalin no dudó en presentar a la Unión Soviética como un pueblo pobre, lo que justificaba la expansión revolucionaria, pobreza acrecentada por la guerra. Roosevelt no vaciló en evaluar las pérdidas de la Unión Soviética en diez mil millones de dólares oro, argumento que esgrimiría después Maiski en la Conferencia de Yalta, basándose en lo dicho por el presidente.

Stalin encontró abierto un camino un tanto difícil, como era el asunto de las reparaciones de guerra y sugirió que fuera Alemania quien pagara el gasto, lo que permitiría un desarrollo acelerado de la economía soviética. Presentó el panorama de la destrucción de industrias, de las instalaciones químicas y petrolíferas a manos de los alemanes, por lo que consideraba que Alemania, vencida, debía repararlo. Sin embargo, Roosevelt, entonces, considerando que la guerra no terminaría hasta 1947 o 1948, con lo que Alemania estaría entonces totalmente devastada, admitió que como compensación de una deuda ya valorada podía anticipar a largo plazo la cantidad de tres mil millones de dólares. Stalin aceptó, pero sugirió que llegara a los cinco mil millones.

Todas estas cuestiones se discutieron y aprobaron al margen de la conferencia, por lo que Churchill ni tan siquiera se enteró.

Otro de los temas de sobremesa era la postura de la URSS respecto al Japón. En las reuniones oficiales, Stalin esgrimió el argumento de que recibía todo el peso del ataque alemán, por lo que se veía incapacitado para luchar simultáneamente contra los japoneses. Es más, frente al agobio de la Wehrmacht solicitó, de nuevo, la apertura del «segundo frente».

En aquellas charlas al margen de la conferencia, se llegó al acuerdo de la recuperación de las islas Kuriles y de la mitad sur de Sakhalin e incluso el ferrocarril manchuriano Port Arthur-Darien. Roosevelt lo aceptó y propuso la firma de un documento, pero Stalin prefirió que quedase en acuerdo verbal por temor de que los japoneses atacasen a la Unión Soviética antes de la derrota del Reich. Cuando Molotov, en 1946, recordó tales extremos, los anglo-americanos lo rechazaron, ya que ni siquiera el Departamento de Estado tenía conocimiento de ello.

Otra cuestión tratada de la misma forma fue el caso de Turquía. Stalin informó que en las tropas musulmanas que luchaban al lado de los alemanes, tropas reclutadas en el Cáucaso y Crimea, figuraban oficiales turcos. Propuso que se le autorizara a emprender una acción en los estrechos, basándose en unos informes entre Von Papen e Ismet Inönü, según los cuales Turquía podía anexionarse la Transcaucasia y Batum en cuanto los alemanes conquistaran Bakú. Roosevelt se opuso, proponiendo una revisión de la Convención de Montreux, y ofreció veladamente a la URSS una base en el Mediterráneo oriental, bien en el puerto de la Cirenaica o en el Dodecaneso. Cuando Molotov lo hizo público en Lancaster House en 1947, el mundo no saldría de su asombro.

En el problema de las fronteras intervino Churchill. Stalin recababa para sí Prusia y propuso la creación de los Estados independientes de Baviera, Renania y Westfalia. Roosevelt quiso aplicar a toda costa el «Plan Morgenthau», que significaba

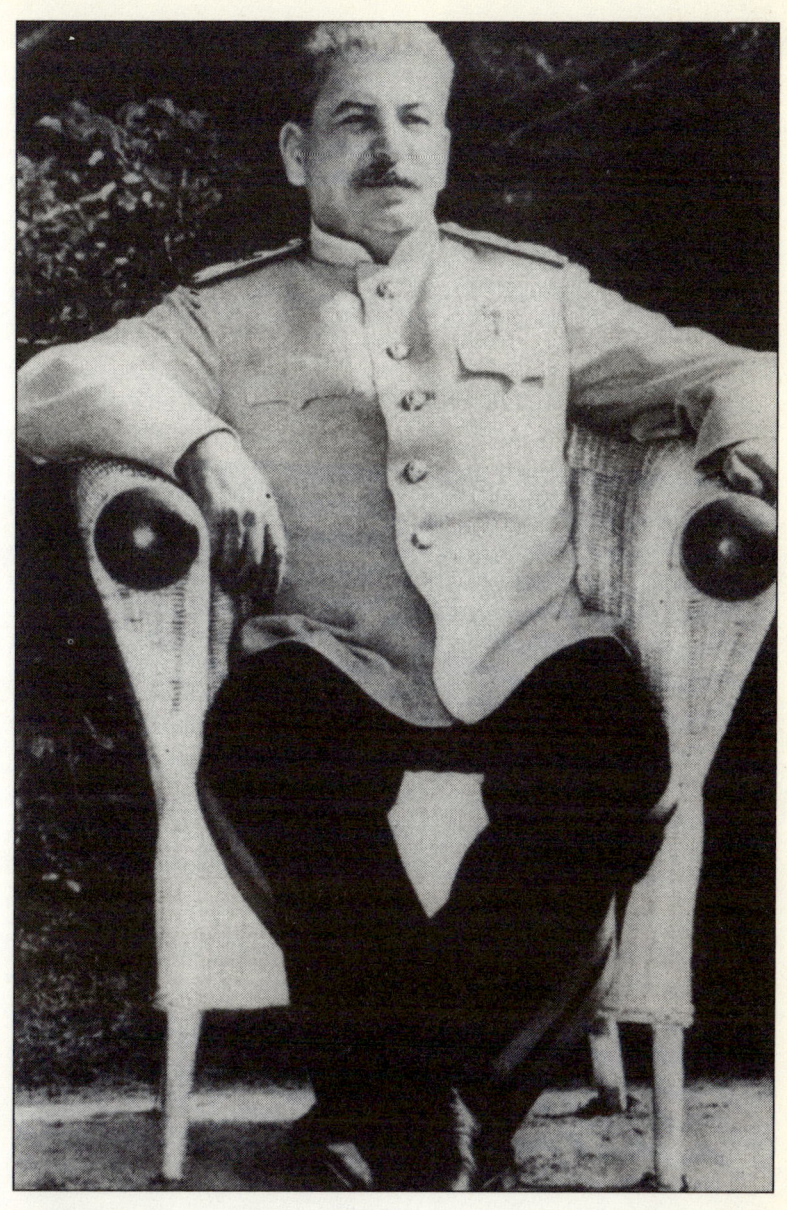
Su segundo viaje fuera de la URSS lo realizó a Postdam en julio de 1945.

transformar a Alemania en un país agrícola, desmantelando la industria. Churchill apoyó esta idea, pero Stalin se opuso.

Luego se trató de la apertura del «segundo frente». Stalin contaba con la baza fuerte de las victorias de Stalingrado, Kursk, Orel y Dniéper, y fue el primero en comunicar a Roosevelt y a Churchill la existencia del nuevo armamento alemán desde los esfuerzos para fabricar una bomba de energía atómica liberada hasta la realidad de las V-1 y V-2, así como los nuevos tipos de aviones, capaces de desarrollar una velocidad de 850 km por hora.

El Servicio Secreto norteamericano desconocía por completo semejantes noticias, y el Intelligence Service las sabía gracias a que había situado a uno de sus agentes en la red soviética Capilla Roja. Roosevelt, impresionado, no dudó en informar a Stalin sobre la existencia del «Plan Manhattan», clave por la que se conocía el proceso de fabricación de la bomba atómica.

Stalin pidió concesiones petrolíferas en Irán, momento en que Churchill y Roosevelt cerraron filas. El presidente alegó que el tiempo de los colonialismos había pasado y que, por otro lado, había dado seguridades al jefe del gobierno iraquí, Saltan, de que no se autorizarían nuevas concesiones.

La Conferencia de Teherán marcó tres puntos principales para el futuro. Según su comunicado, se creó el «segundo frente», el Banco Internacional y la UNRRA. Se llegó a un acuerdo en cuanto al alcance y horario de las operaciones desde el Este, el Oeste y el Sur. De esta forma, se iniciaba la Operación Overlod, que quedó fijado para principios de mayo de 1944.

CAPÍTULO XXV
LA CONFERENCIA DE YALTA

La guerra con Alemania iba llegando a su fin. El Ejército Rojo invadía implacablemente todo el Este europeo. El desembarco de Normandía ya se había realizado y había tenido éxito.

Entonces, como ya había hecho otra vez, Winston Churchill quiso viajar a Moscú para entrevistarse con Stalin. El día 9 de octubre de 1944, Churchill llegaba al Kremlin acompañado por Anthony Eden. Churchill quería arreglar los asuntos de los Balcanes. Los ejércitos rusos se encontraban en Rumanía y en Bulgaria.

Churchill, sentado frente a Stalin, escribió en una hoja de papel el reparto de territorios, que quedaba como sigue: Rumania, noventa por ciento para Rusia, diez por ciento para los demás. Grecia, noventa por ciento para Gran Bretaña y EE. UU. y diez por ciento para Rusia. Yugoslavia, cincuenta por ciento para Rusia, cincuenta por ciento para Gran Bretaña y EE. UU. Hungría, cincuenta por ciento para Rusia y cincuenta por ciento para Gran Bretaña y EE.UU. Bulgaria, setenta y cinco por ciento para Rusia y veinticinco por ciento para Gran Bretaña y EE.UU.

Ésta fue la proposición de Churchill. Stalin, simplemente, se limitó a ratificarla en la misma hoja de papel que le presentó el premier británico.

La Conferencia de Yalta, o de Crimea, según prefería llamarla Stalin

La guerra tocaba a su fin, tanto en Europa como en el Extremo Oriente. Se hacía preciso una nueva reunión urgente los tres aliados: Stalin, Churchill y Roosevelt.

El dictador soviético impuso su voluntad y eligió el lugar de la reunión. Sería Yalta, en las orillas del mar Negro, en la península de Crimea, el 3 de febrero de 1945.

En la URSS se habían producido sutiles cambios, que desconocía la opinión pública mundial y muy posiblemente el Servicio Secreto americano.

Stalin había de dar cuenta diariamente de lo tratado a un comité especial presidido por Molotov y del que formaban parte Beria, Malenkov, Bulganin, Vorochilov y Mikoyan, así como a otro de tipo militar en el que figuraba como representante del Politburó el general Poskriebychev y el Estado Mayor del dictador integrado por el mariscal Antoniev, el mariscal del Aire, Khudiskov y el almirante Kuznetzov.

Stalin se instaló en el palacio del príncipe Yussupov, el asesino de Rasputín, que contaba con comunicación directa con los cuarteles generales de Zukov, Koniev y Rokossovski, los tres mariscales con mando efectivo de tropas, y con los de Timochenko y Vassilevski. Doce cuerpos del ejército soviéticos se habían puesto en marcha con un potencial humano que sólo con cifras puede imaginarse: en la frontera búlgaro-griega contaba con veinte divisiones, y en la polaca con ciento ochenta, lo que representaba que los Balcanes y el valle del Danubio hasta Bratislava habían caído en la zona de influencia rusa.

Yalta comenzó con el espectro de Polonia; Roosevelt mantuvo su rusofilia hasta el extremo de prohibir reuniones privadas entre el secretario de Estado, Stettinius y el ministro británico, Anthony Eden.

Roosevelt intentó en una conversación privada arreglar el pleito polaco, pues se perfilaba una ruptura entre la Unión Soviética y cada uno de los aliados. Stalin accedió a que se incorporasen al Gobierno de Lublin representantes de Londres y a que en los territorios de los futuros satélites se celebraran elecciones, para después prohibir la entrada de los partidos polacos y mantener su postura intransigente.

Otro de los puntos de fricción estribó en la cuestión del veto en la futura Organización de Naciones, así como el número de puestos con que debía contar Rusia. Stalin pretendió que Ucrania y Bielorrusia fueran consideradas como Estados, a lo que accedió Roosevelt contra la opinión de Churchill.

El resultado de Yalta fue que todos los Balcanes quedaron sujetos a la influencia rusa, menos Grecia; que la URSS contaría con tres votos en la ONU, y Polonia fue sacrificada una vez más; que Stalin no declararía la guerra al Japón hasta que Alemania quedara vencida y que el Politburó adoptara una línea política, inspirada por el mariscal Bulganin, y cuyos puntos principales fueron los citados a continuación:

> *Las potencias anglosajonas solamente han admitido a la Unión Soviética en su intimidad política más que a la desesperada, cuando se han hallado frente a la amenaza del Tercer Reich que quería reemplazar el dominio anglosajón del mundo burgués por un dominio germánico.*
>
> *La Unión Soviética habrá de adoptar la política siguiente: 1.— Impedir la formación de una Alemania unificada, que podría nacer de la confederación de varios Estados reunidos bajo el imperio de las necesidades económicas, a menos que se ejerza un control eficaz y permanente de la Unión Soviética en los órganos centrales de semejante Alemania. 2.— Establecer*

> *en todos los países de la zona soviética gobiernos controlados por los partidos comunistas locales; utilizar estos partidos en los países externos a la zona soviética para que hagan intervenir a sus representantes en los futuros gobiernos respectivos, y crear así una influencia política que les impida convertirse en instrumentos de agresión contra la Unión Soviética. Francia e Italia presentan a este respecto un interés particular.*
> *3.— No permitir que China recobre su unidad y estimular al Gobierno comunista de Yen-Nan en su lucha contra el Gobierno de Chun-King. Procurar que en el Gobierno de este último ingresen representantes comunistas a fin de propugnar una confederación china cuya parte septentrional quedaría bajo la influencia de la Unión Soviética.*

Tal norma política fue aprobada por el Politburó pocos días después de terminada la Conferencia de Yalta.

En realidad, ninguna conferencia internacional estuvo teñida de tanto dramatismo. Roosevelt agonizaba. Por su parte, Churchill asistió a este espectáculo macabro sólo pudiendo salvar a Francia a cambio de entregar seis naciones a Rusia.

En Yalta se acordó también que la futura ocupación de Alemania se dividiera en cuatro zonas, en contra de la opinión de Stalin, que quería dejar sin ninguna parte a Francia. Se eliminó también para siempre al Estado Mayor alemán.

Stalin, por primera vez, explicó a los otros dos grandes la situación militar de la URSS y les obligó a escuchar una conferencia del coronel general Antonov, no sin antes indicar que lo hacía por espontánea iniciativa, pues no se sentía obligado a que nadie se inmiscuyera en los planes del Ejército Rojo.

Así fue, poco más o menos, la Conferencia de Yalta o Crimea.

CAPÍTULO XXVI
EL FINAL DE LA GUERRA

El 12 de enero de 1945 siete Ejércitos soviéticos iniciaron la ofensiva desde el Báltico al Danubio. Las ciento ochenta divisiones soviéticas, tras quince días de ofensiva, se encontraban a trescientos kilómetros de Berlín; Varsovia fue conquistada el día 17; el 18 penetraron en Silesia y tomaron Kattowice, Sosnowice y Cracovia; el 23 cayó Bromberg y desde allí realizaron una maniobra envolvente cuyos extremos fueron Dantzig al Norte y Poznan al Oeste, con lo que quedó aislada la Prusia oriental.

El Ejército soviético inició una gran operación para aislar Pomerania, y a comienzos de febrero Zukov conquistó Schneidemuhl, cerca de la antigua frontera germanopolaca de 1939. Danzig y Gdynia fueron conquistados el 30 de marzo.

Finalmente, el 16 de abril comenzó la última ofensiva soviética con Berlín como meta. Los ejércitos de Zukov y de Koniev atacaron en dirección a Wriezen y a Luckenwalde; Rokossovski cruzó el Oder y avanzó hacia Mecklemburg. El 62 Ejército, que mandaba el general Chuikov, fue el primero en llegar a Berlín. Esta unidad estaba formada por los defensores de Stalingrado.

El ejército ruso empezó a bombardear la Cancillería, donde se hallaba refugiado Hitler, el día 26 de abril por la noche. A medida que el hormigón saltaba en pedazos, todo el refugio se estremecía. Y para los alemanes, era muy difícil oponer la menor resistencia. Los soviéticos estaban a menos de dos kilómetros de distancia, y el orgulloso ejército de la Wehrmacht en Berlín no era más que un grupo desharrapado de títeres, que trataban inútilmente de salvar su vida.

El día 28 de abril de 1945, Mussolini fue apresado por unos partisanos cuando intentaba huir. Fue ejecutado y colgado por lo pies, lo mismo que su amante, Clara Petacci.

Por otro lado, el mismo 28 de abril, el propio Hitler se daba cuenta de la traición —según él— de Himmler, cuando recibió un despacho en el cual se decía que éste se había puesto en contacto con el conde Bernadotte de Suecia para tratar unas condiciones para la rendición.

El domingo 29 de abril llegó a la Cancillería alemana la noticia de que Mussolini había sido apresado y muerto. Parece ser que Hitler, ante este suceso, decidió terminar cuanto antes con su vida y no llegar a la situación de Mussolini.

Aquel mismo domingo, el ejército soviético sólo se hallaba a dos manzanas de la Cancillería del Tercer Reich.

Finalmente, el 30 de abril, en las profundidades de su bunker, Hitler se quitó la vida al mismo tiempo que su amante Eva Braun.

Dos hombres de las SS sacaron de su habitación el cadáver de Adolfo Hitler, envuelto en una manta, y lo subieron al jardín. Hicieron lo propio con el de Eva Braun. Entonces, Guensche, un ayudante del Führer, vertió gasolina sobre los cadáveres y les prendió fuego.

El final del Tercer Reich

Durante la noche del 30 de abril, el general Krebs, que era el único que sabía hablar en ruso, precedido de una bandera blanca, fue a entrevistarse con el general Chuikov, el jefe del asedio a Berlín.

El general Chuikov exigió a Krebs la rendición incondicional del bunker y de las tropas de la capital, y cuando Krebs le informó del suicidio de Hitler, el general soviético le contestó que ya estaban informados.

Por su parte, Doenitz, nuevo Führer por obra y gracia de Hitler, que le había nombrado su sucesor, hablaba al pueblo alemán insistiendo en que se tenía que destruir a los bolcheviques, advirtiendo que si los aliados no entendían el significado de aquella decisión, también serían considerados como enemigos.

Finalmente, y a pesar de Doenitz, el 1.º de mayo se produjo la capitulación de la Wehrmacht en el frente italiano. El 3 de mayo los ingleses entraron en Hamburgo. El armisticio fue firmado en Reims, y comenzó a tener vigor el 8 de mayo a las once en punto de la mañana.

Quien ya no había podido ver terminada la guerra en Europa había sido el presidente norteamericano.

Había muerto el viernes 13 de abril, en su casa de campo de Warm Spring, a consecuencia de una hemorragia cerebral, Franklin Delano Roosevelt, el hombre que había conseguido ser reelegido cuatro veces presidente de Estados Unidos.

Roosevelt había nacido en Hyde Park, Nueva York en 1882. Primo del presidente Theodore Roosevelt con cuya sobrina Anna Eleanor casó en 1905. Estudió en la prestigiosa Universidad de Harvard. En 1910 fue elegido senador demócrata por el estado de Nueva York y durante el mandato de Wilson fue secretario adjunto de la Marina (1913-1921), cargo desde el que reforzó la flota norteamericana; después de la ruptura con Alemania (1917), fue encargado de la inspección de las fuerzas navales de los EE.UU. en Europa (1918). Candidato demócrata a la vicepresidencia de la república en 1920 fue derrotado y se retiró a sus actividades jurídicas. En 1921 fue víctima de una poliomielitis que marcó toda su vida, aunque no interrumpió su carrera política. Fue gobernador de Nueva York (1929-1933). Candidato demócrata a la presidencia de los EE.UU., diseñó el *new deal*, venció a

Hoover (1932) y le sucedió en el momento en que los EE.UU. pasaban por la peor crisis económica de su historia.

En 1933 reconoció a la URSS, aunque mantenía cierta reserva, pero se inquietó sobre todo por los regímenes totalitarios de Hitler y de Mussolini e intentó inútilmente aplacar sus tendencias belicistas. Tuvo que dominar a la opinión pública aislacionista persuadida de que Francia e Inglaterra podrían hacer frente al III Reich en solitario. Hizo votar una ley para vender material de guerra a los beligerantes aliados y una vez vencida Francia prestó material bélico a británicos y soviéticos. El ataque de los japoneses a Pearl Habour (7 de diciembre de 1941), seguido de la declaración de guerra de Alemania (11 de diciembre) acrecentaron las responsabilidades de Roosevelt: tuvo que dirigir el esfuerzo de guerra de los EE.UU., equipar a sus aliados, decidir la fabricación de la bomba atómica y preparar la posguerra. Para ello se entrevistó varias veces con Churchill y ambos con Chang Kai-shek el representante del partido nacionalista chino, y asistir a las ya mencionadas conferencias de Teherán y Yalta con Stalin.

Conferencia de Postdam

A mediados de julio de aquel mismo año 1945, Stalin viajó por segunda y última vez fuera de la URSS.

La Conferencia de Postdam fue la más larga de las tres mantenidas durante la guerra. Duró del 16 de julio al 2 de agosto de 1945. Stalin se encontraba frente a dos hombres que no conocía.

Cabe recordar que Churchill, que había dimitido recién terminada la guerra, no fue reelegido en las urnas —esto había representado un duro golpe para el viejo león—. Attlee había sido el ganador en Gran Bretaña. Roosevelt —recordémoslo— había muerto poco antes de finalizar la guerra. Por tanto, los

Los representantes de los vencedores de la Segunda Guerra Mundial.

dos interlocutores de Stalin fueron Attlee y Truman, si bien Churchill participó algunas sesiones antes de saber el resultado de las elecciones en Gran Bretaña.

Por parte de la URSS asistieron a la conferencia: Stalin, Viacheslav Molotov, comisario de Asuntos Exteriores; Nikolai Kuznetsov, comisario de Marina; el jefe del Estado Mayor del Ejército, mariscal Aleksei Antonov, y el jefe del Estado Mayor de la Armada, almirante Zucherov.

Por parte de Gran Bretaña asistieron: Winston Spencer Churchill y su ministro de Asuntos Exteriores, Anthony Eden, hasta el día que tuvieron que ceder el puesto a Clement R. Attlee y a Ernest Bevin, en sus respectivos cargos; lord Leathers, ministro de Transportes de Guerra, sir Alexander Cadogan, secretario permanente del Foreign Office; sir Alan Brooke, jefe del Estado Mayor; sir Andrew Cunningham, jefe de la Flota; sir Hasting Ismay, jefe del Estado Mayor del Ministerio de Defensa, y el mariscal de campo sir Harold Alexander, comandante supremo aliado en el Mediterráneo.

Por Estados Unidos intervinieron el presidente Truman, el secretario de Estado, James F. Byrnes; el jefe del Estado Mayor presidencial, almirante William D. Leahy; jefe del Estado Mayor, general Marshall, comandante jefe de la Flota, almirante Ernest J. King; comandante jefe de la Aviación, general Henry H. Arnold, y embajador especial, Joseph E. Davies.

El III Reich y Hitler ya habían dejado de existir cuando estos hombres se reunieron en el antiguo palacio del Kronprinz imperial. Para el traslado a Berlín, Stalin viajó en un tren de doce unidades, de las cuales cuatro eran una reliquia histórica, pues pertenecían al tren del Zar y las había utilizado Trotsky para su célebre gira de propaganda durante la guerra civil. Se había elegido un camino largo, por Lituania, para evitar Varsovia.

En Postdam, Truman intentó asumir el papel de Roosevelt, organizando veladas musicales, donde interpretó al piano las piezas favoritas de Stalin; con todo, no consiguió calentar el ambiente. El primer roce se produjo por las rigidísimas normas de censura impuestas por las autoridades soviéticas a los corresponsales de prensa, que tuvieron que contentarse con reseñar el número de almuerzos y visitas; no se les permitió ni asistir a las sesiones ni permanecer en Postdam. Lo único que supieron es que Truman presidía las reuniones a petición de Churchill y de Stalin.

El día 19 de julio, el periódico inglés *Yorkshire Post*, tenido como portavoz de Eden, escribió en su editorial:

> *Esta norma de reserva es francamente desafortunada. La cerrada barrera del secreto que se ha levantado en torno a la conferencia nos molesta, especialmente porque lo que está sucediendo estos días en Postdam nos atañe a todos y cada uno de nosotros, tanto hombres, mujeres, como niños.*

Lo cierto es que no se pudo saber demasiado hasta la publicación del comunicado final:

> *Los Gobiernos británico y norteamericano han tomado medidas para proteger los intereses del Gobierno provisional polaco como Gobierno reconocido del Estado polaco, en los bienes pertenecientes al Estado polaco enclavados en sus territorios y bajo su control, cualquiera que sea la forma de sus bienes. Se han tomado, además, las medidas pertinentes para impedir la enajenación de tales bienes a terceras personas, y se darán todas las facilidades al Gobierno provisional polaco para cualquier propiedad que pertenezca al Estado polaco y que haya sido equivocadamente enajenada.*

Las tres potencias estamos dispuestas a cooperar con el Gobierno provisional polaco para facilitar el regreso a Polonia de todos los polacos residentes fuera del país que quieran regresar, incluso de los miembros de las Fuerzas armadas y de la Marina mercante polaca. Asimismo, esperamos que se otorgue a aquellos polacos que regresen a su patria los derechos de propiedad y los personales sobre bases iguales a todos los ciudadanos polacos.

Las tres potencias hemos tomado nota de que el Gobierno provisional polaco, de acuerdo con las decisiones adoptadas en la Conferencia de Yalta, ha accedido a la celebración de elecciones libres tan pronto como sea posible, sobre la base del sufragio universal y del voto secreto, en las cuales todos los partidos democráticos y antinazis tendrán derecho a participar y a presentar candidatos, y que los representantes de la prensa aliada disfrutarán de amplia libertad para informar al mundo sobre los acontecimientos en Polonia antes y durante las elecciones.

Se ha llegado al siguiente acuerdo en relación con las fronteras occidentales de Polonia. De conformidad con el acuerdo sobre Polonia adoptado en la Conferencia de Yalta, los tres jefes de Gobierno han indagado la opinión del Gobierno provisional polaco de unidad nacional con respecto a la incorporación de los territorios del Norte y del Oeste que Polonia debe recibir. El presidente del Consejo nacional de Polonia y los miembros del Gobierno provisional de unidad nacional han sido recibidos en la conferencia, ante la cual presentaron amplia y totalmente sus puntos de vista. Los tres jefes de Gobierno reafirman su opinión de que la demarcación definitiva de las fronteras occidentales de Polonia debe guardar a los ajustes de la Conferencia de la Paz. Los tres jefes de Gobierno acordaron que, pendiente la determinación final sobre las fronteras occidentales de Polonia, los antiguos territorios alemanes al Este de la línea que corre desde el mar Báltico, inmediatamente al oeste de Swinemunde y sigue a lo largo del río Oder, hasta su confluencia en el río Wesser occidental, a lo largo del curso de este río hasta la frontera checoslovaca, incluida la porción de la Prusia Oriental no situada bajo la administración de la Unión Soviética, de acuerdo con lo convenido en esta conferencia e incluyendo la zona de la antigua ciudad libre de Dantzig, deben quedar bajo la administración del Estado polaco y como tal no deben ser considerados parte de la zona soviética de ocupación en Alemania.

La conferencia acordó la siguiente declaración de actitud conjunta para el establecimiento a la mayor brevedad de unas condiciones de paz duradera después de la victoria en Europa.

Los tres Gobiernos consideran deseable que la actual posición anómala de Italia, Bulgaria, Finlandia, Hungría y Rumania llegue a su término mediante el concierto de Tratados de Paz. Confían en que los demás Aliados compartirán esta opinión.

Por su parte, los tres Gobiernos incluyen la preparación de un Tratado de Paz con Italia, como primero entre los objetivos importantes de carácter inmediato del nuevo Consejo de Ministros de Negocios Extranjeros. Italia fue la primera potencia del Eje que rompió con Alemania, para cuya derrota contribuyó materialmente. Y ahora se ha unido a los aliados en la lucha contra el Japón. Italia se ha liberado del régimen fascista y marcha por buen camino hacia la rehabilitación del Gobierno y de la institución democrática. El establecimiento de tal Tratado de Paz con el Gobierno italiano democrático reconocido hará posible que los tres Gobiernos cumplan su deseo de apoyar la petición del ingreso de Italia en el seno de las Naciones Unidas. Los tres Gobiernos han encargado igualmente al Consejo de ministros de Negocios Extranjeros la tarea de preparar los oportunos Tratados de Paz con Bulgaria, Finlandia, Hungría y Rumanía.

El concierto de Tratados de Paz con los Gobiernos democráticos reconocidos en esos Estados permitirá también a los tres Gobiernos apoyar sus solicitudes de ingreso en las Naciones Unidas. Los tres Gobiernos convienen en examinar separadamente, en un futuro cercano y a la luz de la situación que prevalezca entonces, el establecimiento de relaciones diplomáticas con Finlandia, Bulgaria y Hungría, en la forma más amplia posible, antes de concertar los Tratados de Paz con dichos países.

Los tres Gobiernos no dudan que, en vista de la modificación de la situación creada por la terminación de la guerra en Europa, los representantes de la prensa Aliada gozarán de plena libertad para informar al mundo de los sucesos de Rumania, Bulgaria, Hungría y Finlandia.

Respecto a la admisión de otros Estados en la Organización de las Naciones Unidas, el artículo cuarto de la Carta de las Naciones Unidas declara: Primero: Podrán formar parte de las Naciones Unidas todos los Estados amantes de la paz que acepten las obligaciones contenidas en la presente Carta y que a juicio de la Organización puedan y estén dispuestos a cumplir estas obligaciones.

Segundo: La admisión de cualquier Estado en esas condiciones en el seno de las Naciones Unidas, se efectuará por decisión de la Asamblea General, a recomendación del Consejo de Seguridad. Los tres Gobiernos, por lo que a ellos respecta, apoyarán las solicitudes de incorporación de los Estados que hayan sido neutrales y que estén en las condiciones arriba fijadas.

Los tres Gobiernos no apoyarán ninguna solicitud de ingreso de España en las Naciones Unidas.

La Conferencia estudió la propuesta del Gobierno soviético relacionada con los territorios de fideicomiso, según fueron definidos en las relaciones de la Conferencia de Yalta y en la Carta de las Naciones Unidas.

Después de un cambio de opiniones, se resolvió que el destino que ha de darse a los antiguos territorios italianos deberá ser decidido en relación con la preparación del Tratado de Paz para Italia, y que la cuestión del territorio italiano será considerada y debatida en la reunión que celebrarán en setiembre los ministros de Negocios Extranjeros.

Se dará cuenta de los intereses que han guiado a los tres Gobiernos y de las responsabilidades que éstos asumieron, al presentar conjuntamente las condiciones de Armisticio, que han sido tomadas como base para las propuestas concertadas.

La conferencia llegó al siguiente acuerdo en relación con el traslado de los alemanes de Polonia, Checoslovaquia y Hungría: Después de estudiar la cuestión, en todos sus aspectos, reconocen que el traslado a Alemania de las poblaciones alemanas o elementos de ellas que quedan en Polonia, Checoslovaquia y Hungría, tendrá que llevarse a *efecto. Acuerdan que los traslados que sean necesarios habrán de hacerse en forma ordenada y humana. Como la afluencia de un gran número de alemanes hacia Alemania aumentaría la carga que están soportando ya las autoridades de ocupación, estiman que el Consejo Aliado de ocupación en Alemania debe primeramente examinar el problema prestando una especial atención a la distribución equitativa de estos alemanes entre las distintas zonas de ocupación. En consecuencia, cursaron instrucciones a sus representantes respectivos en el Consejo de Control, para que informen a sus Gobiernos, tan pronto como sea posible, acerca del número de alemanes que han entrado ya en Alemania procedentes de Polonia, Checoslovaquia y Hungría, y para que sometan un cálculo del tiempo en que podrían realizarse nuevas transferencias y del número de éstas, teniendo en cuenta la situación predominante en Alemania. El Gobierno de Checoslovaquia, el Gobierno provisional de Polonia y el Consejo de Control en Hungría, han sido informados de lo que antecede y se les ha pedido que, mientras tanto, aplacen nuevas expulsiones de alemanes en espera de un examen por los Gobiernos de los correspondientes informes que les presenten sus representantes en el Consejo de Control de Alemania. Durante la Conferencia se celebraron reuniones entre los jefes de los Estados Mayores de los tres Gobiernos para deliberar sobre asuntos militares de interés común.*

Aprobado por Iósiv Stalin, Harry S. Truman y Clement R. Attlee.

CAPÍTULO XXVII
LA GUERRA FRÍA

Cuando terminó la guerra en Europa, Stalin se encontró con una situación económica sumamente complicadas. Por un lado, Estados Unidos se le presentaba como una nación que no había sufrido las consecuencias directas de la guerra, pues sus ciudades permanecían intactas y florecientes. La Unión Soviética, en cambio, debía reconstruir centenares de aldeas y ciudades, y volver a obtener una producción industrial semejante a la de antes de la guerra, cuando menos, si no mejor. Por otro lado, se tenía que hacer frente a la reforma de una agricultura completamente devastada, prosiguiendo a la vez con las cartillas de racionamiento y reconstruyendo la maquinaria agrícola.

Únicamente Finlandia y Rumanía aportaban su parte bajo el título de reparaciones de guerra, mientras que en el Kremlin se tenían que firmar acuerdos financieros con los países de Europa oriental para cubrir los gigantescos gastos de la reconstrucción del país.

Ante este panorama, la reconstrucción de la Unión Soviética comenzaba en primer lugar por la propia seguridad del Estado. Se debía concienciar a la población soviética sobre la necesidad de seguir manteniendo las tradiciones comunistas en la URSS, pues las influencias que durante la guerra habían podido sembrar las potencias aliadas eran peligrosas para el Estado. En la prensa, reaparecieron los ataques tradicionales contra el imperialismo capitalista. La censura secuestró las traducciones de autores ingleses y americanos, que fueron juzgados como peligrosos. Esta lucha contra la contaminación ideológica fue muy importante. Se cerraron rápidamente las fronteras de la URSS y, lentamente, los aliados de la guerra fueron convirtiéndose en enemigos de la posguerra.

Por su parte, Stalin, se mostró intransigente con las poblaciones en las que se habían producido conatos de colaboración con los nazis. Los traidores fueron fusilados y centenares de personas fueron deportadas.

Los héroes de guerra, como se había anunciado inmediatamente terminada ésta, fueron también castigados. A pesar de que las decisiones fueron tomadas con muchas consideraciones, la caída en desgracia del mariscal Jukov fue sonada. Unos meses después de la victoria, Jukov fue llamado de Alemania y recibió el mando del distrito militar de Odessa; así fue apartado de toda popularidad.

Las bombas atómicas de Hiroshima y Nagasaki

El 8 de agosto de 1945, los periódicos soviéticos hablaron del lanzamiento de la primera bomba atómica sobre Japón. La segunda bomba, la de Nagasaki, fue anunciada mucho más tarde. Los soviéticos comprendieron rápidamente el significado de esos lanzamientos y sus consecuencias. En el instante del lanzamiento de las bombas se había roto el equilibrio de las fuerzas en el mundo. La bomba constituía una seria amenaza para la URSS.

Stalin se reunió rápidamente con sus expertos en el Kremlin. Iósiv Stalin se apropió la presidencia del Comité de Investigaciones Atómicas. La dirección política, los laboratorios, las fábricas industriales destinadas a la fabricación de la bomba, fueron puestas bajo el control de Beria. La primera bomba atómica explotaría cuatro años más tarde en el desierto de Ust-Urt, entre el Caspio y el Aral.

Pero también los problemas financieros enfrentaban cada vez más a dos de los tres grandes. Truman suprimió los préstamos a la URSS, lo que enervó grandemente al dictador. Pero no sólo esto molestó a Stalin, sino que Truman pretendió cobrar rápidamente los intereses de los préstamos que Roosevelt había concedido a la URSS.

En consecuencia, dos años después, Stalin rechazó de plano el proyecto de ayuda llamado Plan Marshall. Y todos los países del Este hicieron lo mismo.

En 1948, tres años después de terminada la guerra, Stalin había logrado hacer pasar a los Estados que tenía bajo dominación indirecta a la situación de dominación directa. En cada Estado, de una forma u otra, había triunfado el comunismo, y la policía secreta colocada bajo la dirección de consejeros soviéticos había ocupado su lugar en el partido. Stalin podía sentirse satisfecho.

Fracaso en Yugoslavia

A partir de marzo de 1948, Stalin había puesto a punto su táctica contra Tito. Éste había roto definitivamente con el rey Pedro y se habían convocado elecciones en Yugoslavia. La victoria había sido del Frente Popular.

Stalin reprochaba a Tito su independencia y su negativa a facilitar a la misión comercial soviética, que se había instalado en Belgrado, informes económicos importantes. Tito, además, había rechazado el plan soviético trazado en 1947, que no dejaba lugar alguno a la industria pesada en Yugoslavia. Le reprochaba, además, el acuerdo comercial con Gran Bretaña. Según Stalin, Tito debería haber cedido a la Unión Soviética sus excedentes, y el mercado soviético los hubiera vendido en beneficio suyo.

Stalin tenía bien trazado su plan para terminar con las divergencias con Tito. Contaba con cierto número de partidarios en el Comité Central del Partido Comunista yugoslavo, y pretendía provocar una reunión, por medio de una carta del Comité Central soviético al Comité Central yugoslavo. Tito y los suyos, en clara minoría, serían excluidos y encarcelados. Pero Tito se había dado cuenta de la artimaña de Stalin y mandó encarcelar a los stalinistas.

La escisión acababa de ser confirmada. Stalin, viéndose fracasado, mandó excluir a Yugoslavia del Kominform.

El fracaso en Berlín

Todo el mundo se hallaba resignado a la división de Alemania. En realidad, nadie había esperado que durara tanto tiempo.

El 20 de enero de 1948, Sokolovski denunció las tentativas anglo-americanas para integrar a la Alemania del Oeste en el bloque militar y político occidental.

El 10 de marzo, después de un debate un tanto violento sobre la prohibición del Partido Socialista Unificado en las zonas occidentales, declaró que cualquier discusión era inútil desde entonces.

El 31 de marzo, Sokolovski informó al comandante americano Clay que, para mejorar la administración de la zona soviética, algunos funcionarios rusos controlarían en adelante los equipajes y la identidad de los viajeros que emplearan los trenes militares occidentales con destino a Berlín. Clay protestó, pero no sirvió de nada, ya que por orden del Kremlin, todos los trenes, en el límite de la zona oriental, eran detenidos y registrados minuciosamente.

Finalmente, desde últimos de mayo, la circulación militar quedó prácticamente cortada entre Berlín y el resto del mundo.

El 26 de junio, Truman decidió aprovisionar a la ciudad por aire hasta que se encontrara una solución diplomática al asunto.

Stalin, después de la Segunda Guerra Mundial se enfrentó a sus antiguos aliados.

El 3 de julio, los comandantes occidentales se reunieron con Sokolovski. Éste dejó bien claro en la reunión que las dificultades subsistirían hasta que Estados Unidos, Gran Bretaña y Francia renunciaran a su proyecto de creación de un gobierno de la trizona.

Truman, para mostrar que su decisión no iba a ser reconsiderada, decidió, con el acuerdo de Attlee, enviar a Gran Bretaña la bomba atómica.

El 2 de agosto, en Moscú, Stalin recibió a los tres diplomáticos: Smith, por parte de EE.UU.; Chataigneau, por parte de Francia, y Roberts, por parte de Gran Bretaña. Stalin había comprendido que ya no podía ir más lejos. Se mostró muy amable y explicó que de ningún modo tenía ninguna intención de obligar a los occidentales a abandonar Berlín. Y propuso la introducción del marco oriental en la zona soviética, en Berlín Oeste, simultáneamente con el levantamiento de las restricciones en los transportes y la retirada del marco occidental.

Pero Sokolovski ignoraba el acuerdo de principio concluido en Moscú. O, cuando menos, hacía como que lo ignoraba. Sin embargo, el puente aéreo había hecho fracasar la estrategia de Stalin y el bloqueo terminó en 1949.

CAPÍTULO XXVIII
EL FINAL DE STALIN

A mediados de octubre de 1952 se celebró en Moscú el XIX Congreso del Partido Comunista soviético, el primero que se celebraba desde que hubiera terminado la guerra.

Stalin pronunció las palabras de clausura. Y, consecuentemente, recibió los aplausos de los asistentes. No obstante, él no había pronunciado el informe de actividades del partido. Esta vez había sido Malenkov quien habíase hecho cargo de tal actividad. Stalin, en aquella época, ya viejo, se sentía atacado por la arterioesclerosis, y tenía el corazón demasiado delicado.

En aquella época, la Unión Soviética ya había conseguido la bomba «A», y estaba a punto de conseguir la bomba «H». Stalin se sentía contento. Había logrado recuperar el equilibrio con Occidente.

En la URSS, la palabra de Stalin era sagrada. Gracias a la propaganda comunista, el que fuera un temible dictador se había convertido en un semi-dios. Beria, a su lado, desempeñaba en la URSS un papel determinante.

Pero Stalin ya no era el de antes. Había envejecido y vivía en un mundo casi irreal, dominado por sus propios fantasmas. Sus apartamentos del Kremlin se hallaban atestados de guardias, lo mismo que su granja. Svetlana, su hija, no podía verlo, y debía comunicarse con él por medio de Beria.

Convencido de que su labor personal era indispensable para llevar adelante sus planes, deseó prolongarse la vida como fuera. Se hizo famoso el libro de uno de sus médicos, Bogomoletz, *Cómo prolongar la vida*, en el que explica numerosos tratamientos, transfusiones de sangre después de las operaciones de cáncer, y la aplicación de un suero anticonjuntivo de su invención.

A principios del invierno de 1952, Stalin sufrió un nuevo ataque. El diagnóstico de los médicos convocados no dejaba lugar a dudas: arterioesclerosis. Stalin debía alejarse de los círculos políticos y descansar alejado de la capital. Pero Stalin no quería descansar. Más aún: acusó a los médicos que firmaron el diagnóstico de haber intentado quitarle de en medio, por lo que, por intermedio de Beria, los profesores Vinogradov, Yegorov, Felman, Kogan y Grinstein fueron acusados de haber trabajado para la organización internacional nacionalista burguesa, un organismo sionista de espionaje que trabajaba para los servicios secretos americanos. También se les acusó de haber envenenado a Ydanov y a Tcherbakov, y de haber intentado asesinar por medio de veneno a los mariscales Gorovov, Vassilievsky y a otros militares. Dos de los médicos murieron torturados.

Pero, de alguna forma, todo este montaje no lograría alargar la vida al dios Iósiv Stalin. Sobre su muerte se barajaron varias hipótesis: ¿murió envenenado? ¿Cayó fulminado por un ataque al corazón o por una embolia? ¿Murió en Moscú o murió en su granja de Kuntsevo?

Lo único cierto son varios testimonios de personas que le vieron vivo poco antes de que se diera la noticia de su muerte. Así, tenemos entre otros al embajador indio Menon, quien diría:

> *Stalin parecía ausente a lo largo de toda la entrevista. Durante mi visita no hizo más que llenar todo el rato hojas enteras de papel blanco con imágenes de lobos amenazadores que él dibujaba con un lápiz azul.*

Otro de los testimonios fue el de Kruschev:

> *Fue un sábado por la tarde cuando Stalin nos invitó a cenar en su casa de campo. Se le veía en buena forma y resultó una velada muy agradable. Después, regresamos todos a nuestros domicilios. Stalin tenía por costumbre telefonear a cada uno de nosotros el domingo, para discutir los asuntos pendientes. Pero aquel domingo no llamó y a todos nos pareció extraño. Entonces, el jefe de guardia nos llamó para decirnos que estaba enfermo. Beria, Molotov, Bulgarin y yo mismo fuimos rápidamente a Kuntsevo para verle. Ya estaba inconsciente. Había sufrido una hemorragia cerebral que le había paralizado un brazo, una pierna y la lengua. Estuvimos tres días a su lado pero no logró recobrar la conciencia. Entonces, durante un instante, pareció que salía del coma y volvimos todos a su lado, mientras una enfermera le alimentaba con cucharadas de té. Stalin nos cogió del brazo y trató de bromear con nosotros, sonriendo débilmente.*

Otro testimonio, el de Ilya Ehrenburg, indica:

> *A las seis de la madrugada del 6 de marzo de 1953, los soviéticos que habían puesto sus aparatos de radio conocieron la noticia de que Stalin había muerto. El pueblo ruso quedó completamente aterrado. Se enteró, por los boletines informativos, que el dueño de la Unión Soviética había exhalado su último suspiro el día anterior, a las diez horas menos diez minutos.*
> *Durante ocho horas, aprovechando la noche, la policía secreta había cercado Moscú. A las nueve horas y cincuenta minutos, el 5 de marzo, el parte médico hablaba aún de colapso, arritmia y leucocitos. Pero*

hacía ya mucho tiempo que el pueblo ruso había olvidado que Stalin era un hombre de carne y hueso.

Hay pocos datos verdaderamente fiables. Al parecer, no obstante, la enfermedad de Stalin no empezó con la hemorragia cerebral de la noche del 2 de marzo. En realidad, fue precedida por múltiples síntomas patológicos de carácter psicofisiológico que durarían bastantes años.

Parece ser que desde el 2 de marzo, después de la hemorragia cerebral de Iósiv Stalin, los dirigentes soviéticos celebraron en el Kremlin una larga conferencia, lo cual contradeciría las declaraciones de Kruschev, quien dijo después que todo sucedió en Kuntsevo.

Stalin fue embalsamado al igual que Lenin y enterrado precisamente al lado de su antecesor.

La desmitificación

Fue precisamente el propio Kruschev, ya en el poder, quien, en 1956 se encargaría de desmitificar al dios Stalin.

Acabada la sesión de clausura del XX Congreso del Partido Comunista, el líder soviético había convocado a los principales líderes de la URSS a asistir a una sesión extraordinaria preparada en el Kremlin.

Kruschev tenía que leer un informe secreto, en el cual se decía que el sucesor del pensamiento de Lenin no había sido digno de éste. En un principio, entre los asistentes sonaron tímidos aplausos. Luego, aplausos frenéticos. Aquella noche, en el Kremlin, se enterraba al fantasma de Stalin.

CRONOLOGÍA

1879 — Nace Iósiv Vissariónovitch Dzhugachvili el 21 de diciembre en una humilde casa de la ciudad de Gori.

1888 — Iósiv Vissariónovitch Dzhugachvili ingresa en la institución religiosa de Gori.
— El padre de Iósiv, enterado del ingreso de su hijo en la escuela teológica, se lo lleva a trabajar con él a la fábrica de zapatos de Tiflis. Su madre, sin embargo, puede hacer que Iósiv reingrese de nuevo en la institución.

1890 — Muere el padre de Iósiv, Vissarion Ivanovitch.

1893 — Iósiv se gradúa en la Escuela de Gori y se matricula en el Seminario Teológico de Tiflis.

1895 — Nicolás II, nuevo zar de Rusia, reitera la política implacable de régimen autocrático de su predecesor.

1896 — En agosto, Iósiv, que ya se hace llamar Koba, se afilia al Tercer Grupo, un movimiento de revolucionarios intelectuales.

1898 — Los marxistas de Tiflis se hacen cargo del periódico *Kvali*. Iósiv —Koba— Dzhugashvili se ha convertido en un auténtico socialista.
— Trotsky es detenido después de dos años de actividad como socialdemócrata revolucionario. Es deportado a Siberia.

1899 — Stalin decide abandonar el seminario de Tiflis y regresa a Gori.
— Lenin publica su primer libro, *Desarrollo del Capitalismo en Rusia*. Combate el economicismo y el populismo, con otros marxistas ortodoxos, dirigidos por Plejánov.
— En diciembre, Iósiv Vissariónovitch encuentra un empleo como ayudante en el Observatorio Geofísico de Tiflis. Antes se había hecho preceptor de un armenio en Gori, pero se aburrió.

1900 — Aparición del periódico *Iskra* («La Chispa»), editado por Lenin. Se introducirán en Rusia ejemplares del periódico de forma subversiva.

1901 — La policía registra la habitación de Stalin en el Observatorio. En consecuencia, Stalin pierde su empleo y tiene que actuar clandestinamente, ocultándose en Tiflis.
— En mayo, concretamente el día 5, toma parte en una manifestación callejera, donde pronuncia su primer discurso un tanto mayoritario. La manifestación es disuelta de forma sangrienta y con muchas detenciones; Stalin huye a Gori.

1901 — En noviembre, Stalin es uno de los veinticinco delegados a la Conferencia de Tiflis de los grupos socialdemócratas, celebrada en Avlabar. La conferencia organiza un nuevo Comité Socialdemócrata para Tiflis, el propio del que forma parte Stalin.
— En diciembre, Stalin va a Batum.

1902 — En enero Stalin y Kandelyaki organizan el Comité Socialdemócrata de Batum; se monta una imprenta clandestina en la vivienda de Stalin.
— Stalin es detenido por primera vez el 18 de abril y permanece en las cárceles de Batum y Kutais hasta fines de 1903.

1903 — En febrero, Stalin es elegido miembro del Comité Federal Caucásico, en ausencia, con ocasión del I Congreso de los Socialdemócratas del Cáucaso.
— El 25 de julio, Stalin es condenado a tres años de destierro en Siberia.
— Se celebra el II Congreso del Partido Obrero Socialdemócrata ruso (en Bruselas y Londres), que termina con la escisión de las facciones bolchevique y menchevique; se elige un Comité Central de tres bolcheviques. Trotsky se unirá a los mencheviques, aunque por poco tiempo.
— En invierno, Lenin se separa de *Iskra* con el número 51.

1904 — Stalin llega a Novaya Uda, para empezar a cumplir sus tres años de destierro.
— El 9 de febrero comienza la guerra ruso-japonesa.

1904 — Stalin se encuentra de regreso en Batum, fugado no se sabe exactamente cuándo.
— Posiblemente, en noviembre, Stalin se une a los bolcheviques.
— Trotsky rompe con los mencheviques y pemanece fuera de ambas facciones hasta 1917.
— Stalin se casa en Tiflis con Catalina Svanidze.

1905 — Éste es el año de la primera revolución rusa.
— El 9 de enero se produce lo que se ha llamado el «domingo sangriento».
— Los movimientos huelguísticos se propagan por todas partes en Rusia.
— El III Congreso del Partido Obrero Socialdemócrata, en el cual se constituye el primer congreso de los bolcheviques.
— Aparece el primer folleto de Stalin.
— El 27 de junio se produce el motín del acorazado *Potemkin*.
— En julio se organiza un soviet en Kostroma. Los amotinados del *Potemkin* se entregan a los rumanos en Constanza.
— Se firma la paz entre Rusia y Japón el 5 de septiembre en Portsmouth, New Hampshire, por intervención del presidente Theodore Roosevelt.
— Por iniciativa de la Unión Ferroviaria de toda Rusia, dirigida por mencheviques, se inicia la huelga política en todo el país. Esto sucede el 20 de octubre.
— El 21 de octubre se inicia una huelga general, dirigida por los bolcheviques.
— El 9 de diciembre, Trotsky es elegido presidente del soviet de San Petersburgo. El día 16, el Gobierno

Presidiendo una manifestación con motivo de su 70 aniversario.

zarista detiene a todo el soviet de San Petersburgo, y Trotsky espera ser juzgado por traición.

1905 — Stalin asiste a la conferencia en Tammefors, Finlandia. Allí conoce a Lenin.
— En este mismo año, nace el hijo de Stalin, Yasha.

1906 — En el mes de abril, Stalin es detenido y puesto en libertad en el curso de un registro en la imprenta de Avlabar.

1907 — Muere en abril la esposa de Stalin.
— Stalin asiste al V Congreso del Partido Obrero Socialdemócrata en Londres. Allí oye hablar a Trotsky por primera vez.
— Lenin se establece en Kuokalla, Finlandia, mientras que Stalin regresa a Tiflis, para organizar el asalto al Tesoro Público.
— En julio, Stalin fija su residencia en Baku.

1908 — En abril es detenido Stalin y encerrado en la cárcel. En septiembre es deportado a Siberia.

1909 — Stalin se fuga de su destierro en Siberia y regresa a Baku.

1910 — Stalin vuelve a ser detenido y será deportado a Siberia en donde permanecerá hasta 1911.

1911 — Stalin escribe, en febrero, una carta a Lenin.
— En julio, cumplida su condena, regresa a San Petersburgo con el alias de Chizhikov.
— Vuelve a ser detenido en San Petersburgo y desterrado a Vologda, esta vez por tres años.

1912 — Stalin se fuga de Vologda, yendo primero a Bakú y luego a San Petersburgo, donde se presenta al Buró ruso del Comité Central.
— Stalin es detenido el mismo día que sale el primer número de *Pravda*.
— Stalin comienza su quinto destierro, en Narym.
— Stalin escapa por cuarta vez del destierro siberiano y llega a San Petersburgo en septiembre con el seudónimo de Vassyliev. Viaja a Cracovia y regresa a San Petersburgo.

1913 — Stalin asiste a la conferencia de febrero, en Cracovia. Pasa por Viena y coincide con Trotsky.
— Es detenido por última vez poco después de regresar a San Petersburgo y es desterrado al Círculo Polar Artico.

1914 — Estalla en Europa la I Guerra Mundial.

1917 — Éste será el año de las revoluciones de febrero y de octubre.
— En febrero empiezan las primeras manifestaciones y la huelga se extiende hasta desembocar en una huelga general.
— Son liberados los exiliados de Siberia.

- Lenin llega a Petrogrado (antigua San Petersburgo).
- El 1.º de mayo se celebra por primera vez esta festividad libremente en Rusia.
- En julio, Stalin sucede a Zinoviev como informante en la Conferencia de los Bolcheviques de Petrogrado.
- Stalin conoce, en septiembre, a su futura esposa, Nadejda Alliluyeya.
- Comienza la Revolución de Octubre. Lenin sale de su escondite y se presenta en la reunión del soviet de Petrogrado. Se suceden operaciones contra el Palacio de Invierno, sede del Gobierno provisional.
- El 15 de noviembre, Stalin y Lenin firman la Declaración de Derechos de los Trabajadores y los Oprimidos o Explotados.
- El 8 de noviembre cae el Palacio de Invierno y es detenido el Gobierno provisional.
- El día 9 de noviembre, se organiza el primer Consejo de Comisarías del Pueblo: Lenin es elegido presidente; Trotsky se encarga de los negocios con el extranjero; Stalin es nombrado ministro de Asuntos de las Nacionalidades.

1918
- El 3 de marzo se firma el armisticio en Brest-Litovsk.
- El Gobierno soviético y la oficina central del Partido Comunista (antiguo POSDR) se trasladan a Moscú.
- En abril, Stalin es designado plenipotenciario para negociar con la Rada de Ucrania, pues los turcos han tomado Batum.

— El 17 de julio se ejecuta a la familia imperial en Ekaterinburg.

1920 — A finales de año termina la guerra civil.

1922 — Lenin se encuentra enfermo. En noviembre, sufre el segundo ataque, terminando su carrera política. Le sustituye el triunvirato formado por Zinoviev, Kamenev y Stalin. Éste será el secretario general del Politburó.
— Lenin dicta su testamento político.

1923 — Stalin cuenta a Trotsky, Zinoviev y Kamenev que Lenin le ha pedido un veneno.
— Lenin pide a Trotsky ayuda contra Stalin.
— El 9 de marzo, Lenin sufre su tercer y peor ataque.

1924 — Lenin muere el 21 de enero.
— El 26 de enero se da a Petrogrado el nombre de Leningrado.

1927 — En octubre, se celebra el pleno del Comité Central y de la Comisión Central de Control. Zinnoviev y Trotsky son expulsados del Comité Central. En noviembre, Trotsky y Zinoviev son expulsados del Partido Comunista; Kamenev es separado del Comité Central.

1928 — Trotsky es desterrado a Alma-Ata. En 1929, incluso será desterrado de la URSS.

1929 — Durante este año, Stalin empieza a gobernar como un verdadero dictador.

1932 — Muere (¿asesinada?) Nadejda, la esposa de Stalin.

1934 — Kirov, amigo de Stalin y virrey suyo en Leningrado, muere asesinado por Nikolaiev.
— Se celebra el juicio de Nicolaiev, llamado de los Catorce. Todos, condenados a muerte.

1936 — Juicio de los dieciséis (Zinoviev, Kamenev y otros). Todos los encausados son ejecutados.

1937 — Proceso de los diecisiete. Trece de los acusados son condenados a muerte. Los cuatro restantes sufren penas de reclusión de ocho a diez años.

1938 — Juicio de los veintiuno. Dieciocho ejecutados, entre ellos Bujarin, Rikov y Kretinsky. Tres condenados a prisión.

1939 — El 4 de mayo Molotov se encarga de la cartera de Asuntos Extranjeros.
— Se firma, en agosto, el pacto Molotov-Von Ribben trop.
— Se promulga una nueva Constitución.
— Estalla la II Guerra Mundial.
— Empieza la invasión de los países del Norte.

1940 — El 20 de mayo muere, asesinado por Ramón Mercader, León Trotsky en su casa de México.

1941 — Hitler rompe el pacto con Stalin y se inicia la invasión de la Unión Soviética por parte de los ejércitos alemanes.

1943 — Se produce la Conferencia de Teherán, a la cual asisten Stalin, Roosevelt y Churchill.

1944 — El 6 de junio las tropas aliadas desembarcan en Normandía.
— Churchill se vuelve a entrevistar con Stalin en el Kremlin. Le acompaña Anthony Eden.

1945 — Europa se reparte en Yalta, el 3 de febrero de 1945.
— Los ejércitos soviéticos inician la ofensiva desde el Báltico al Danubio.
— En mayo, se firma en Reims el armisticio y de esta forma concluye la guerra en Europa.
— Durante quince días se celebra la Conferencia de Postdam.

1947 — Stalin rompe las relaciones con Tito y excluye a Yugoslavia del Kominform.

1948 — Se produce el bloqueo de Berlín por parte de Stalin, que no terminará hasta 1949.

1952 — En el mes de octubre se celebra en Moscú el XIX Congreso del Partido Comunista soviético, el primero desde que finalizara la guerra.
— Stalin sufre los primeros ataques de arterioesclerosis.

1953 — El 2 de marzo Stalin sufre una hemorragia cerebral.
— El 6 de marzo los soviéticos conocen la muerte de Iósiv Stalin.

ÍNDICE

Introducción 5
Bibliografía 6
Capítulo I: Nace un dictador... 9
Capítulo II: En el seminario de Tiflis 15
Capítulo III: Abandono del seminario 21
Capítulo IV: Primeras revueltas.................................. 27
Capítulo V: Encuentro con Lenin 33
Capítulo VI: Stalin tiene que viajar 39
Capítulo VII: Nuevo exilio 45
Capítulo VIII: La I Guerra Mundial 51
Capítulo IX: Febrero, antesala de la Revolución de Octubre 53
Capítulo X: La guerra civil 59
Capítulo XI: La situación en Polonia 65
Capítulo XII: La posguerra... 67
Capítulo XIII: Hacia el final de Lenin....................... 73
Capítulo XIV: El testamento político de Lenin 83
Capítulo XV: El final de Lenin 85
Capítulo XVI: Luchas internas en el partido 87
Capítulo XVII: El XIV Congreso del Partido............. 93
Capítulo XVIII: Cambios en Rusia 99
Capítulo XIX: ¿Cómo era en realidad el dictador? 105
Capítulo XX: La época de los grandes procesos 111
Capítulo XXI: La II Guerra Mundial......................... 121
Capítulo XXII: El avance de la Whermacht en Europa 127
Capítulo XXIII: Hitler invade Rusia 133

Capítulo XXIV: La Conferencia de Teherán 145
Capítulo XXV: La Conferencia de Yalta 151
Capítulo XXVI: El final de la guerra.......................... 155
Capítulo XXVII: La guerra fría................................. 167
Capítulo XXVIII: El final de Stalin........................... 173
Cronología 177